ニュートレーダー×リッチトレーダー

株式投資の極上心得

New Trader, Rich Trader

by Steve Burns

〔著〕スティーヴ・バーンズ
〔編／訳〕オブリーク山岸

竹書房

NEW TRADER , RICH TRADER
How to Make Money in the Stock Market
by
Steve Burns
With Janna Burns

info@bnpublishing.net
www.bnpublishing.net

はじめに

株式投資で成功するための原理原則を、投資家心理とリスクマネージメント、方法論を通じて説明し、読者と共有するのが本書の目的である。新米の投資家（ニュートレーダー）はたいていてい痛い思いをして、つまり投資で損を出してこれらのことを学ぶものだ。**金はあるが経験のない新米投資家がマーケットに参入した場合、彼が即座に得られるのは経験だ。もちろん金は失うが。**

本書には、新米投資家が株式相場で幸先の良いスタートを切るために有益な情報が書かれている。実際に相場で儲けを出しているのは10人に1人だと言われているが、この本を読めば、かなりその確率を上げることができるのではないだろうか。良質な投資手法を手にして取引を始めることはもちろん重要だが、さらに重要なことは、投資家が損失を受け入れられるかどうか、相場という荒波の中で、学びつつ忍耐強く取引を続けられるかどうかだ。あなたはこれから他のトレーダーらと、利益を出すことだけを目的に競い合うことになる。そして、利益は正しい、つまり当たった取引をした側にだけもたらされる。残念ながら、新米トレーダーたちは初めて取引をしたとき、大部分のケースで誤った、つまりハズレた側に立たされることになる。しかし、ここで投げ出してはいけない。投資はやってみる価値があることだ。正しい原理原則に従い、損失をマネージメントし、取引をビジネスライクに遂行できれば、利益はすぐ手の届くところにある。成功したトレーダーは、最初に出した損失を乗り越え、どのようにしたら長期的に勝てるかを学んだからこそ成功したのだ。この本では、私が過去12年間で学んだ様々な教訓をお伝えしたいと思う。これらの教訓は多方面の情報源からもたらされているが、多くは私の勝ったり負けたりの個人的な投資経験から得られている。投資関連の書籍も私は１５０冊以上は読んだ。友人や先輩からも多くを学ばせてもらったし、また、彼らの成功は非常に良い刺激になった。また、書かれている多くの原理原則は、過去の偉大な投資家が自らの投資手法について書いた著作に負うところも多い。この本は投資家として成功するために必要な原則への近道となるよう意図されている。これを読めば10年も取引をしてようやくコツをつかむとか、何百時間も専門書を読むとか、代価として何十万円も支払って教訓を得るといった必要はなくなるだろう。あなた方がこれから歩む投資世界の里程標として、この本が助言となり、また活用されることを望んでやまない。実のところ、私は自分が取引を始めた当時、こんな本があればよかったと思うのだ。

CONTENTS【目次】

CONTENTS 目次

CHAPTER.3 METHODOLOGY【投資手法】

CONTENTS　目次

北米証券監督官協会（ＮＡＳＡＡ）の調査によれば、
投資家のうち利益を上げているのは11.5%、
18.5%は収支がとんとんで、
残りの70%の投資家は損失を出している。

CHAPTER. 1
PSYCHOLOGY
投資家心理

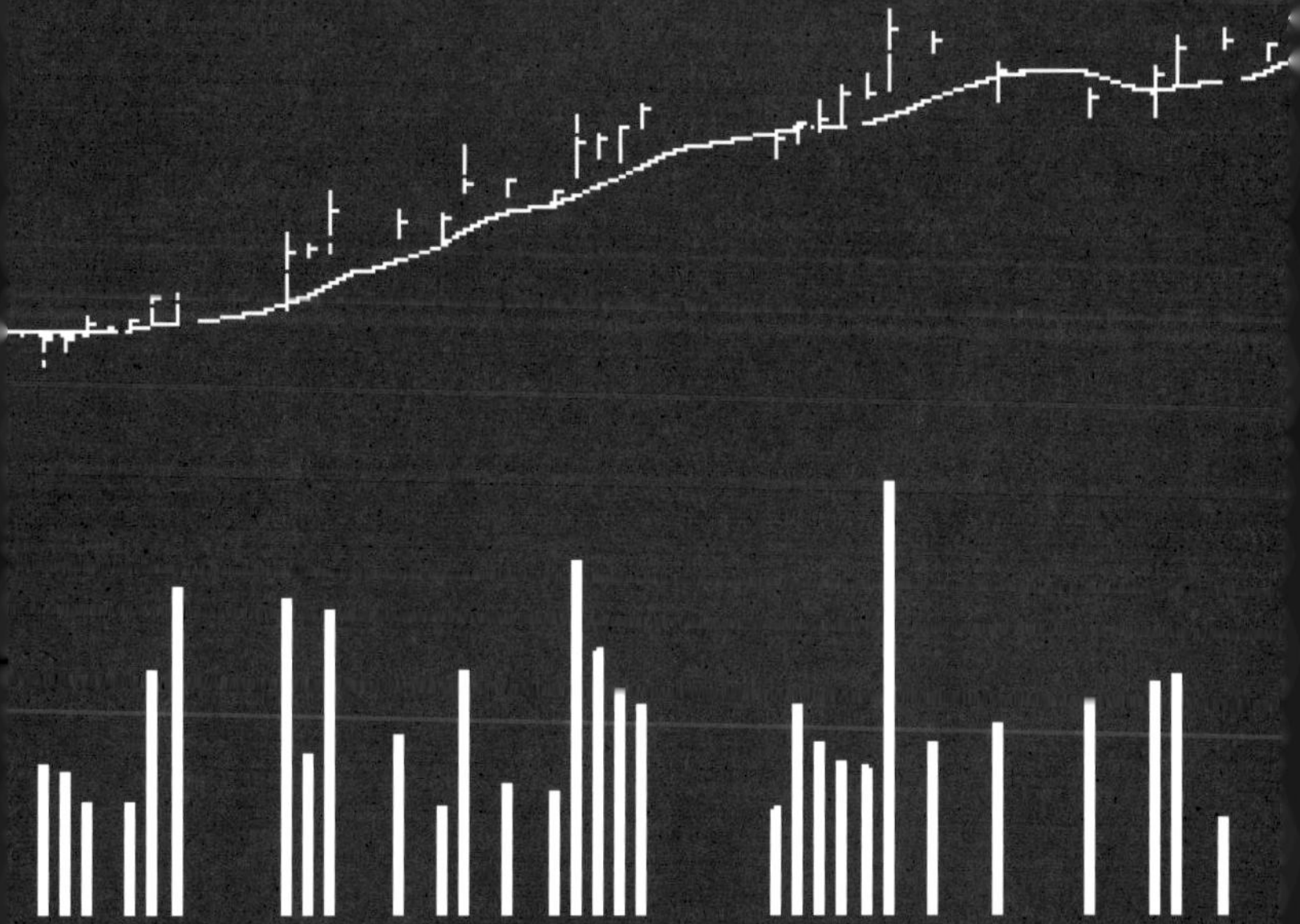

1

新米トレーダーは欲張りで非現実的な期待をする。金持ちトレーダーは投資収益について現実的である。

新米トレーダーは朝早く目覚めた。日差しはまぶしく、彼は刻一刻、自分の中に興奮が湧き上がってくるのを感じることができた。

パソコンを立ち上げながら、彼は自分の証券口座を開くまでの苦難の道のりを思い返さずにいられなかった。会社では何時間も残業し、週末にはピザ配達のバイトをしてまでお金を貯めたのだ。

しかし、今や彼の人生における忍耐の時期は過ぎた。ネット証券のログイン画面でユーザーネームとパスワードを打ち込むと、彼の鼓動はいやがうえにも高鳴った。証券口座には1万ドルを入金してある。

準備はできた。

準備できていないわけがない。新米トレーダーはバーチャル口座で一年以上も取引経験を積んでおり、CNBC（株式・金融市場の情報を中心に放送する米国のニュース専門放送局。日本では日経CNBCが放送されている）を毎日チェックし、多くの有力投資家のツイッターもフォローしている。

進む道は簡単なはずだ。

実は、彼はバーチャル口座の残高が減ってしまうと、すぐに新しい口座を開いていた。大勝すると彼の都合の良い記憶は、以前、大負けしたことを選択的に忘れてしまっていた。

これを繰り返すことで彼の慢心は育ち、自分はマーケットの平均上昇率を簡単に打ち負かせると思い込んでしまっていたのだ。

新米トレーダーは、数か月で残高を倍にできると目論んだ。それから年末までに同じことを繰り返せば、証券口座には4万ドルが積み上がるわけだ。

これはそんなに大変なことじゃない。そう彼は考えた。彼は伝説的なトレーダーの著作を何冊か読んでおり、ただ同じことを繰り返せばいいとばかり考えていた。

新米トレーダーにとって不運だったのは、そうした伝説的トレーダーが驚くべき成功をおさめる前に、損失に苦しんだり難関にぶち当たったりしたという事実を、彼はどこかで読んだこともなかったし、思い及ぶこともなかったことだ。

彼らの多くは初期投資金額の50%か、人によってはそれ以上を吹き飛ばしている。リスクをコントロールできず、最初の投資プランから逸れてしまったことで、最終的には破産した者もいるのだ。

しかし、新米トレーダーはピカピカの証券口座で1万ドルの購入能力があり、興奮の頂点にあって、損失を出すなど想像もできない状態だった。精神的な高揚のため、あらゆる恐れや疑いが心に入る隙もなかった。

新米トレーダーはやる気満々で投資に飢えていた。早速、証券会社のチャートソフトやリアルタイム株価ストリーマーに慣れ、注文の入れ方などを身につけた。

さて、そこで最後の問題が残された。――一体どの銘柄を取引するべきか？

まず、彼の最初のゴールに到達するため、株価が倍になる銘柄が必要だ。あるいは、26％のリターンを得る取引を3度繰り返せる銘柄と言ってもよい。

彼は数学が得意だった。学校ではいつも成績が良かったし、問題の答えを見つけるのだって慣れたものだ。

株式投資は単なる数学だ。数学は単に論理の問題だ。そして自分は論理的な人間だ。

複利計算で得られる収益結果の中を漂いながら、彼はそんな風に考えていたのかもしれない。自分は数年でミリオネアになれるのではないか。自分にとってヒーローであるかの有名な投資家たちと同じようなミリオネアに！

実は、そのヒーローと呼べる人物の一人、金持ちトレーダーが街に住んでいた。新米トレーダーはどうしたら一人前の投資家になれるのか、しばしば訪れて質問したものだった。……多分、自分が取引を始める前に、最後の最後で、ちょっとしたアドバイスをお願いするべきじゃないだろうか。もちろん、それほどアドバイスが必要ってわけじゃないが！

そんなわけで、新米トレーダーは彼の先生である金持ちトレーダーの家のドアをノックすることになった。いつものように挨拶を交わすと、金持ちトレーダーは彼を部屋に招きいれた。

「思うに、君の証券口座の話じゃないかい？」

金持ちトレーダーは皮肉っぽく笑みを浮かべた。新米トレーダーがその件で彼の家に来るのは初めてのことではなかった。若い新米トレーダーは言った。

「いつも質問にお答えいただけるのはありがたいことだと思っています」

金持ちトレーダーは新しく入れたコーヒーをカップに注ぎ、新米トレーダーに手渡した。

彼はカップを受け取るやすぐに話し始めた。

「僕の計画では、今後、数か月のうちに口座残高を倍にします。それから、さらにそれを繰り返し、来年までに口座残高を４万ドルにします……あれ、何かおかしいですか？」

金持ちトレーダーは面白そうな笑みを浮かべて彼を見ていた。

「ふむ……」そう言って、コーヒーを一口すすった。

「つまり、君は投資を開始した一年目にして世界でもトップクラスのトレーダーになろうと言うわけだね。それはかなりアグレッシブな目標設定だ……初心者にとってはね」

「株価が2回、2倍になる銘柄か、もしくは26%のリターンを6回得られる銘柄を見つければいいだけなんです！」

そう新米トレーダーは言った。この行き過ぎた熱心さは金持ちトレーダーには予想できたことだった。

彼は首を振り、眼鏡を外すと考えにふけるかのように目元をこすった。そして、一呼吸置いてからこう言った。

「さて、新米トレーダー君、君が言うようなリターンは可能だけど、それはごく特別な時期にだけ起こり得ることだ。1920年代の強気相場だとか、ITブームがあった90年代の終わりとかね。歴史的には、シスコやグーグル、アップルのような一部の超高成長株は確かに素晴らしい長期的パフォーマンスを見せているが、それには君がその株を選ぶ必要があるだけでなく、いつ売買するか最適な機会を選ぶためのプランが必要になる。注目される株は倍にもなるが、簡単に50%下落することもありえるんだ」

彼は一呼吸ついた。

「さらに、マーケット全体が君の投資スタイルに合ったトレンドになっていなければならない。いくら倍になる株だとしても、マーケットが弱気に傾いて株価全体が下がっている時に買ったところで良いことはない。経済全体が落ち目のとき、あるいは投資家たちの間に弱気が蔓延したときは、とにかく彼らは何でも売り払って、安全と思えるところに資金を移動させる。移動する先というのはセクターとして生活必需品関連株かもしれないし、あるいは債券か、もしくは金や石油といった商品先物かもしれない」

金持ちトレーダーが眼鏡をかけ直すと、さっきまで希望に満ちていた新米トレーダーの表情が混乱で曇っているのが見て取れた。新米トレーダーは尋ねた。

「つまり、今年200%のリターンを得るのは無理だとおっしゃりたいんですか?」

「それどころか、今年は損失を出す可能性がかなり高いだろうね」

金持ちトレーダーはごく事務的に答えた。

「ですが……負けるためにこんなに苦労してお金を貯めて口座を開いたんじゃないんです。僕は勝つことだけが目的なんです」

新米トレーダーはプライドに満ちた声で言った。金持ちトレーダーはため息をついた。

「君が継続的に勝てるようになる前に、マーケットは様々なことを教えてくれると思う。もっとも危険な事は、最初から大金を得てしまうことだ。そうなると、たいていは無謀な取引をすることにつながって、長期的に大金を失うはめになる」

「最初に大金を得るというのが、まさにやりたいことじゃないですか？」

信じられないといった表情で新米トレーダーが尋ねた。

「いいや、ゆっくりと金持ちになるのがいいのだ。長期に渡って安定的な収益を得るのがよい。その間に君の口座は複合的に急伸長することができる。そうしながら、一方で保有している株式の下落リスクを最小限にマネージメントする。成功している投資というのは、どこまでも増えていく保有株式資産と、その最小限の縮小に基づいているのだ。適切にマネージメントすれば、トレンドしだいでは君の言う25％のリターンが得られる取引につながるし、それが年間200％のリターンにもなりうる。**君が最初にすべき仕事は取引に集中することで、利益にこだわることではないんだ**」

そう言って金持ちトレーダーはコーヒーをすすった。

「わかりました……取引に集中するとして、それで、いくら儲かるというんです？」

新米トレーダーは不思議そうに尋ねた。

「現実的に言えば、優れたトレーダーは20％から50％ほどの利益を年間に得られる。しかし、大体は一年目は損失を出し、教訓を得るという可能性が高い。授業料を払うようなものだと考えなきゃダメだ。株式投資は他と同様にれっきとした仕事だ。例えば、医者は本を読んだだけで、いきなり薬を処方したりしないだろう。彼は医学校へ行って他の医者から適切な教育を受けなければならない。彼はまた医者として対価を得る前に何度か失敗だってしたかもしれない。実際の患者ではなく、医学校での失敗にしてほしいがね」

金持ちトレーダーは新米トレーダーが真剣に耳を傾けているのを見た。

「取引も同じことだよ」と、彼は続けた。

「死体を解剖するのと、生身の人間を手術するのにも大きな違いがあるだろう。手術室では精神的なストレスがかなり重要な要因になるのは確かだ。医者はストレスを管理し、自分の技術と正しい処置を施す能力に自信を持たなければならない。医者は手術中にいくら儲かるかなんて考えないだろう。だから、君は利益のことを考えるのではなく、投資戦略とか投資スタイル、取引プランの方に集中しなければならない。良い取引が君に利益をもたらす一方で、利益を第一に考えるとそれはダメな取引につながる可能性が高いのだ」

新米トレーダーは次第にイライラとし、失望の念が高まるのを感じることができた。このアドバイスは他の初心者には良いかもしれないが、自分にはそぐわない。自分はもっと頭が良く、他の初心者よりもよほど株式市場を知っている。自分は特別な存在なのだ。

ようやく新米トレーダーが口を開いたとき、彼は口調に悪意がこもるのを隠すことができなかった。

「つまり、こう言いたいわけですね。僕は今年50％、つまり5，000ドルの利益を得られるだろうというのが、現実的だということですね」

金持ちトレーダーはもちろん彼の態度に気づいたが、そ知らぬふりをした。

「そうなると、君は上位1％に入るトップトレーダーということになるね。問題は、他の99％のトレーダーを負かすために君は努力できるかということだ」

「もちろんです！」

新米トレーダーは楽に金を得られるという目論みが若干怪しくなったのを感じながらも、元気よく答えた。

CHAPTER 1 投資家心理

PSYCHOLOGY

「楽して金を儲ける方法を探す人間は、そのような方法が地球上のどこにもないことを自ら証明するために、代償を払うはめになる」——ジェシー・リバモア

◉この章のための推薦図書

The Universal Principles of Successful Trading:Essential Knowledge for All Traders in All Markets, by Brent Penfold

「システムトレード 基本と原則」（ブレント・ペンフォールド／パンローリング）

2 新米トレーダーはストレスから誤った判断をする。金持ちトレーダーはストレスを管理できる。

新米トレーダーは朝からずっと株価を見続けていた。

その銘柄の株価は9・25ドルから9・55ドルへ上がり、そこから9・45ドルへと下がっていた。彼は出来高の数値が刻一刻、増えていく様子を眺めているのがたまらなく好きだった。ディスプレイ上で、彼の注目する銘柄の株価が上昇を示す鮮やかな緑色に光り、その他の銘柄が下落を示す赤色で光っているのを見るのは実に気分がよい。ダウ工業株30種平均は赤色。ナスダック総合指数はわずか0・1%上昇で、かろうじて緑色にしがみついている。

その株価は今、9・40ドルになった。さあ、準備はできた。

彼は1，000株買おうと考えた。

彼の証券口座には1万ドルがある。この銘柄は、今後2ヵ月のうちに、優に12・00ドルに達するだろう。それで2，600ドルの儲けになるのだ。

彼は株価が9・25ドルになったところで参入を決めた。というのも、この株は9・00ドルに強力な支持線があり、何週間もこれを下回ったことがなかったのだ。過去に、9・03ドルまで落ちたことがあったが、その時は9・00ドルに達する前に出来高をともなって反発した。そして、高値は9・89ドルだが、それが過去最高値で、そこで失速してしまった。

株価が9・30ドルに下落し、さらに9・25ドルへ落ちるのを見て、新米トレーダーの胸は興奮に高鳴った。彼は素早く注文画面で銘柄コードを入力すると、取引数量に1,000と打ち込んだ。

心臓をバクバクさせながら、続いて彼はマウスを操作して残高照会の画面へとクリックした。画面に表示されたのは、

【買い注文】
銘柄：SRRS
数量：1,000株
約定価格：9.35ドル

「9・35ドルだって!?」新米トレーダーはショックで叫び声を上げた。あわててリアルタイム株価ストリーマーをチェックする。彼は血が凍る思いがした。株価は9・10ドルになっていた。

新米トレーダーは気分が悪くなった。

「お……おれはたった今、250ドルを失った!? 週末ぶっ続けでピザ配達のバイトをして、やっと貯まる金額だぞ」彼はうめいた。恐怖心で胃がぐっとせり上がってくる気分だった。

心臓がバクバク鳴っているが、今回は興奮からではなく、恐怖心からだった。もう一度、株価を見る。日中の最高値、最安値を見ると、株価は9・08ドルまで落ちていたことがわかる。今は9・15ドルだ。彼は落ち着こうと自分に言い聞かせた。

「9・00ドルで下げ止まるはずだ。それから反転して、決算発表前には12・00ドルに上がるはず。いい値段で買いを入れたんだ」

バーチャル口座での試験的取引とは話が違う。今回のは彼の虎の子の資金なのだ。1セント1セントが彼の血と汗と涙の結晶なのに、それがこんな形で250ドルかっさらわれることになろうとは……。

まるで、強盗にでもあったみたいじゃないか。

どうして計画通りに行かないのだろう？　このプレッシャー、ストレス、恐怖は彼が今まで経験したことのないものだった。こんなわずかな株価の下落なのに。

彼が自分を取り戻そうとしているうちに、株価はするすると9・40ドルへと値を戻した。これで、逆に50ドル利益が出ていることになっているにも関わらず、彼は落ち着きを取り戻すことができなかった。

彼はいまだに恐怖に取り憑かれており、すぐに利食いするべきか、最初に計画したとおり決算発表の時期まで4週間にわたって保持するべきか、ぐずぐずと迷った。

まるで、彼の資金1セント1セントが安全ネットなしの綱渡りをしているのを逐一、実感できるようだった。彼の1万ドルが今にも忘却のふちに転げ落ちる可能性があるかのようだ。このようなリアルな危険をこれまで一度たりとも経験したことがなかったので、彼はこの状況をどう解釈してよいかわからなかった。

新米トレーダーは震える手で彼の師匠に電話をかけた。相手が受話器を取るまでの3度の呼び出し音がまるで拷問のようだった。

「もしもし？」

新米トレーダーは急に恥ずかしくなった。金持ちトレーダーにとっては、彼の反応は明らかにバカバカしく感じられるに違いない。それでも、新米トレーダーは声を振り絞った。

「今日、初めての取引をしました」

一瞬の沈黙。あの面白がるような笑みをきっと浮かべているに違いないと新米トレーダーは思った。

「それはよかったじゃないか……」

「取引しているときに感じるストレスをどうやってコントロールしているんですか?」堰を切ったように早口でまくし立ててしまったが、金持ちトレーダーはかろうじて聞き取ってくれたようだ。

電話の向こうからクスクスと忍び笑いが聞こえ、新米トレーダーはイライラを募らせた。

――なぜ彼はこんなに落ち着いていられるんだ!?

「ほとんどのストレスは、不確定要素によって引き起こされる。失うことへの恐れとかトレンドの不透明感とか、金を作る必要性に迫られているとかね。時折、トレーダーは取引に対する執着で自分のエゴを包み込んでしまい、当てなきゃならないという思いで自尊心が覆いつくされてしまう」

「だけど、どうやってストレスをコントロールするんですか？」新米トレーダーは我慢できず口を挟んだ。

「**取引からできる限りの不確定要素を排除することで、ストレスのレベルを制限することができる。**君は取引を始める前に、自分の取引プランをよく知っておかなりればならない。どの銘柄を買うか、ウォッチリストはもう作ってあるだろう？　取引の前に、どの銘柄はどの数量で取引するべきなのかを決めておかなければならない」

金持ちトレーダーは咳払いをしてからこう続けた。

「さらに、注文を入れる前に、いつ、どうやって、なぜそのタイミングで利食いするのか、あるいは損切りするのかという出口戦略を練っておかなければならない。ある一定のパーセントで損失を出した場合だとか、支持線を割った時とか、トレンドが変わったタイミングとか、いずれにせよ仕切る計画を作っておかなければならないのだ」

「それはまあ、確かにその通りですが……」

「全てのトレーダーはストレスを感じる。それは他の職業でも同じことで、ストレスを管理しなければならない。取引プランを作ったうえで、それでもストレスのレベルが過剰だというのなら、君は明らかに過大な量で取引をしているか、もしくは自分の取引システムにそれほど信頼を置いていないかのどちらかだ。もし、取引システムが長期的に勝てるものだというのなら、取引量を半分にしてみたらいい。1，000株がストレスだというのなら、500株にしてみたらどうかね」

「しかし……」そう新米トレーダーは言いかけたが、話を最後まで聞こうとすぐに口をつぐんだ。

「それでもまだ参ってしまうのなら、400株、300株と取引する単位を落としていくんだ。もし、君のストレスが取引システムを信頼していないことに端を発するというのなら、そのシステムを検証しなおさなきゃならない。君の取引システムがどんなものなのか、その複雑さにもよるが、パソコンのプログラムを使うかチャートを使って過去のデータ上の売買シグナルを検証しなければならないだろうね。シミュレーションソフトを使って、実際に売買シグナルのポイントでバーチャル取引を検証してみるのもいい。統計的な勝ち負けの比率がリアルに肌で感じられるには、少なくとも異なるタイプの株式市場で30以上の取引をしてみなくちゃだめだろうな」

「つまり、まずは取引システムに従って取引しなければならないんですね。それから、取引して適度だと思えるような取引プランをデザインすること。自分の投資戦略に自信を持ち、ストレスを制御できるように、取引システムがうまく行くものなのかどうかテストする必要があって、それでもプレッシャーが強すぎると感じるのなら、適度に感じられるまでシンプルに取引量を減らしていけばいいということですね」

「その通り。君がコントロールできる範囲内で出てくるパラメーターをどう使うのか、そのプランが必要だ。ストップロスや、トレイリング・ストップ（注文方法の一つで、逆指値注文に自動の追跡（trail）機能を加えたもの。株価の変動に伴い自動で指値価格が変わる。全ての証券会社が対応している方法ではない。）、出来高の数値、タイミング、テクニカル指標などの要素をどう使うかだ。また、取引している銘柄のボラティリティも適当と思える範囲内なのかどうか考慮しなければならない。トレーダーにはそれぞれ個性に合致した取引スタイルが必要だ。アグレッシブなタイプは、潜在的に大幅な上昇可能性のある銘柄を好むし、そうでないタイプは価格にわかりやすい支持線と抵抗線が見て取れる安定株を好むかもしれない。デイトレーディングを好む人もいるし、一か月間で数回、保有銘柄の数量調整をする程度といったシステムを好むトレーダーもいるだろう。重要なのは、君が適度と思えるシステムであること、そして利益が上がるということだ。耐えられないくらいストレスを感じるのなら、問題は自分の取引システムに対する信頼性の欠如か、もしくは自分の知識や能力に対する自信の無さだ。さもなければ、単純に大きすぎる取引量で売買しているということになる」

「なるほど……。なんだか、ご自分の経験から話しているようですね」

金持ちトレーダーはまた笑った。新米トレーダーは言った。

「よくわかりました。またお時間をいただいてしまって、ありがとうございました」

「いやいや、礼には及ばんよ」金持ちトレーダーは答えた。

今や新米トレーダーはかなり相場に対する理解が進んだように感じた。1，000株というのは明らかに彼にとっては大きすぎたのだ。何をすればよいのか、彼にはよくわかった。


「取引に際し、過度のストレスを感じるとすれば、取引量が過剰か、もしくは取引システムに十分な自信がないかどちらかだ。取引量を減らすか、もしくは取引システムをもう一度見直して、ストレスを取り除こう」――スティーヴ・バーンズ

CHAPTER 1 投資家心理

◉この章のための推薦図書

Enhancing Trader Performance:Proven Strategies from the Cutting Edge of Trading Psychology, by Brett Steenbarger

「トレーダーの精神分析」（ブレット・N・スティーンバーガー／パンローリング）

3

新米トレーダーは我慢できず、絶えず売り買いをする。金持ちトレーダーは我慢強く、買いシグナルを待つ。

株式取引をするために一日有給を取った新米トレーダーは、うきうきしながら株式市場が開く2時間前に起き出した。

目覚ましに濃いコーヒーをいれ、パソコンにログインするとアジア市場と欧州市場の動きをチェックした。

どの市場でも主要な指数は0・5％ほど上昇している。彼の保有するＳＲＳは時間外取引では9・70ドルまで上がっていた。

彼はにんまりと笑顔になった。

たった一日で３５０ドルも儲かったぞ。おれって投資の才能があるじゃないか……。

しかし、まずはやらなきゃならないことがある。自分が適度と思えるようなポジションにまで保有株数を減らし、それから利益の上がるシステムに沿った取引プランを立てなくちゃならない。

株式市場が開き、彼は保有するSRRS株を9・75ドルで500株売却した。これで200ドルのキャピタルゲインが得られ、手数料が往復それぞれ10ドルで合計マイナス20ドルという結果になった。

生まれて初めての株取引で180ドルの利益が得られたことは、かなり嬉しいことだった。それに、決算発表に向けて、プライスレンジ上限の12ドルを目指して、まだ500株保有している。

ポジションが5,000ドル未満になったということで、1万ドル近くの株式を保有するのに比べると彼はかなり安堵の念を感じた。

1,000株保有していたときのストレスや、心臓がバクバク鳴る感覚を今は感じていなかった。一度の取引について500株、もしくは5,000ドルというのが彼にとって適切なサイズなのだと彼は結論した。

しかしながら、経験を積んで口座残高が増えれば、もっと大きなサイズでも安心して取引できるようになるのではないかと彼は願っていた。それについては時がたてばわかるだろう。

彼は、まるで投資するための資金を口座に取り戻したような、そんな気分だった。

彼の口座はマージン口座だったので、その金で今日また取引することができた。キャッシュ口座の場合だと取引の決済が確定するまで３日間待たなければならない。（【マージン口座とキャッシュ口座】海外の証券会社の口座区分で、マージン口座は日本の信用口座に近い。米国のマージン口座では、レバレッジは最大で2倍。）

彼は５００株、約５，０００ドルのポジションでかなりの余裕を感じたので、これが取引プランに沿ったサイズということだろう。もし株価が50ドルの銘柄であれば１００株を取引するということになる。彼はまた株価のボラティリティも考慮しなければいけないかもしれないと考えついた。

彼は安定的で上昇トレンドにある銘柄を取引したかった。一日の取引レンジが２％から５％におさまる銘柄がよかったのだ。彼はパソコンに向かいＳＲＲＳの過去の値動きをチェックした。

ＳＲＲＳは実に値動きの激しい銘柄だった。平均してかろうじて５％におさまる動き幅だ。

このこと自体は新米トレーダーにとってストレスになるものではなかった。とにもかくにも値動きのある銘柄を取引したいに決まっているからだ。トレンドの方向性が見て取れ、決済したときに取引手数料をカバーしてなお利益が上がるような、最低限のボラティリティは必要なのだ。

彼は自分自身の取引システムを確立しようと考え始めた。CNBCを背後に流し、パソコンの画面にはリアルタイム株価ストリーマーを点滅させながら、彼は腕組みをして考え始めた。

ポートフォリオを見ると、彼の株価は今9・92ドルになっており、52週間での最高値を更新していた。

彼は嬉しくなった。株価が上昇する勝ち組銘柄を選び、良いタイミングで参入できたことにかなりの満足を感じた。

だがしかし……と彼は考えた。正確なところ、なぜ自分はあの株価で買ったのだろう？短期的な支持線にあったから？　単なる直感？　そもそも本当に自分は取引システムなんて確たるものを持っていたのだろうか？　自分は単にその場その場の考えで取引するだけのトレーダーなのだろうか？

彼は浮かんできたこれらの問いに答えを見つけることができなかった。と同時に、口座にある5，000ドルで早く取引したくてたまらない欲求を感じていた。

彼はウォッチリストに入れた銘柄をチェックした。株式市場全体は上げ基調で、主要な指標は1％近く上昇していた。そして、ＤＭＹというＳＲＲＳへ商品供給している会社の株価は52週間での最高値を更新して４・90ドルになっていた。

考える間もなかった。彼は突発的にＤＭＹ株を４・91ドルで1，０００株購入した。株価はそこから４・95ドルへと上昇し、そこでもみ合うと反転して４・92ドルになった。彼は強い上昇基調が続くことを祈った。

売買注文の気配を見ている間、彼は自問自答した。株価は買値４・92ドル／売値４・93ドルで数分間もみ合っている。

おれは何をしているんだ？　出口戦略なんてないぞ。それどころか、なぜ買ったのかさえわからない。

彼はその時は理解していなかったが、彼の行動の動機というのは欲望だった。それは近い将来、彼にひどい決断をさせることになるが、その時はとにかく彼は混乱するばかりだった。

多分、取引時間中に取引プランを作ろうというのが、あまりうまい考えじゃなかったんじゃないか。

ディスプレイを悶々と30分間も見つめてたものの、株価は動かないままで、彼はとうとう売ることを決めた。1，000株を4・92ドルで売却したのだった。

やれやれ、損しなかったのは良かった……。

しかしよく見ると、彼は口座残高が10ドル減っていることに気づいた。彼は取引で10ドル儲けたのだが、売買手数料で20ドル支払っているのだった。なんてバカな取引をしたんだと彼は思った。しかも、取引プランを練ろうとしている最中にこんなことをしてしまったなんて、本当に愚かなことなんじゃないだろうか。

彼は金持ちトレーダーに電話することにした。

金持ちトレーダーがいつものように楽しげな声で電話に応対すると、新米トレーダーは時間を無駄にせず、要件を切り出した。

「今まで、自分でもなぜかわからないまま取引したことはありますか？」

「ああ、あるよ。私がもっと若かった頃だな。アツくなってね、賭け金がつりあがるとアドレナリンがほとばしって、全く、バカなことをしたと後悔したものだよ」

「取引しすぎてしまうとか、突発的に注文を入れてしまうとか、なぜ起きるんでしょうか？」

「ふーむ、その問題は幾つか異なる原因によって引き起こされるんじゃないかな。

① 取引計画が明確になっていない。
② 退屈して刺激を求めてしまう。
③ 高慢になり、自分が他のトレーダーより頭が良いんだと思って取引してしまう。
……とかね」

「じゃ、どうやったらそれを防げるんですか？」

「それは、**お金を儲けるためだけに取引をするのであって、娯楽のためだとか自分自身の考えを正しいと証明するために取引をするのではない**、ということなんじゃないかな。利益が上がる取引というのは、実はほとんどの時間、退屈なものだ。取引する前の段階で、いつ何をするかわかっているということは、取引の楽しさをほとんど失わせてしまう。もし、市場に対して優位に立てるようなシステムに則って君が取引をしていて、かつそれをどう運用するか正確な取引プランがあるのだとしたら、突発的に取引するなんてのはありえないだろう。君は買いシグナルと売りシグナルが出るのを待つだけだ。もし自分のその場の考えだけで取引をして、その損失に苦しむとしたら、いずれ君にもわかるだろう。**長期的にお金を儲けるのは君の取引システムに基づくものであって、君のエゴに基づいた取引は短期的に損失をもたらすものだということを。システムを運用するのであって、君の**

その場の考えで取引するのではないのだ」

「なるほど。もっともです」

「市場が閉まっている間に調査とプラン作りをしなさい。市場が開いたら君のシステムを運用するんだ」

「ふーむ、学ぶことはまだまだありそうですね。今日はありがとうございました」

「経験はもっとも偉大な先生だよ」そう金持ちトレーダーは答えた。

新米トレーダーは、きっちりとプランを立てるまでは取引しないのが一番だと心に決めた。

「間違ったことをするくらいなら、何もしないほうがよい。何をするにしても、それは全て自分にかかってくる」——ブッダ

◉この章のための推薦図書

Trading for a Living, by Alexander Elder

「投資苑 ― 心理・戦略・資金管理」（アレキサンダー・エルダー／パンローリング）

4 新米トレーダーは欲と恐怖心に動かされ取引をする。金持ちトレーダーは取引プランを使う。

新米トレーダーは今までよりもっと心の準備ができているような気がした。今こそ真剣に取り組む時だ。取引プランを作り上げなければならない。しかしまず、幾つかわからないことに回答を見つけなければ。

彼は本棚からお気に入りの投資関連本を取り出して、取引計画について書かれた章を開いた。

・取引を始めるシグナルとなるものは何か?
・いつ売るのか?
・一つの取引でどれくらいリスクを負うか?
・取引サイズはどうか?
・どの銘柄を取引するか?

・どのくらいの期間、それを保有するのか？
・自分の取引システムの有益性をいかにテストするか？
・期待利益に対するリスクの割合はどうか？

これらのことを考慮して、新米トレーダーは様々なことを決めていった。自分は上昇トレンドにそった取引をするつもりだ、と彼は考えた。だから、必要なのはいつ買いに入るかのシグナルとその時の取引量だろう。

だから、支持線のところで買うのではなく、最高値を更新したときか、もしくは移動平均線か主要な価格の抵抗を上抜けした時に買い注文を出すべきだろう。

彼はまた、一回の取引につきわずかに5％までをリスクとして許容することに決めた。これにより、今まで何度も読んだことのある、いわゆる破滅のリスクが大幅に減ることになるだろう。もし5，000ドルに値する取引をした場合、トータルで250ドル、すなわちそれが500株の取引量であれば、1株につき50セントまでということになる。彼の保有するＳＲＳ株ではストップロス注文（注文方法の一つで逆指値注文とも言う。この場合、これ以上の損失（ロス）拡大を防ぐために損切りすることになるので、その意味でストップロス注文としている。）の価格が8・85ドルということになる。彼はそれを9・35ドルで買い、まだ500株保有しているわけだから。

ところで、ＳＲＲＳ株はいつ売れればいいのだろう？ ストップロスが決まっているのだから、利食いの計画も立てておく必要がある。

彼が考えていた目標株価は12ドルだ。しかし、もし11・99ドルまで上がって、そこで反転してしまったらどうすればいいのだろう？ よもや落ちるにまかせて利益を手放すなんてことはしないだろう。保有したままさらに価格が落ち続けて購入価格を下回ってしまい、かえって損失を出すなんてバカなまねはできない。

彼は、ストップロスの価格を株価に追尾させて、価格が5％落ちたらそこで利食いするトレイリング・ストップ注文の設定が一番良いのではないかと考えた。価格が堅調に9・85ドルまで伸びた場合、反落して9・35ドルになったら、そこで収支とんとんで取引を終えるということになる。

もし、さらに上の11・99ドルまで上がって、それから11・19ドルまで落ちたとしても、50セント幅の設定であれば11・49ドルで仕切ることになり、十分おいしい利益になる。利益を全部手放すといったことを避ける売り計画をこれで持ったことになる。

しかしながら、この取引システムがうまく作動するには、株が理想的な上昇基調にある必要がある。相場全体が強気なら、もちろんうまく行くだろう。

株価が通常の幅で値動きすれば、利益は理想的に膨らみ、ストップロス注文が何度も引き出されるようなことはないだろう。

取引の金額的なサイズは5，000ドルで、どんなに多く株式を買うとしても一つの銘柄について、その金額を越えないようにしよう。

流動性のために少なくとも一日の取引量が100万株あるような、注目されている株を取引することにしよう。一日の取引レンジが4％以内に納まるような銘柄だ。

そうしておけば、ボラティリティのためにストップロス注文が誘発されてしまうことは避けられるはずだ。

さらに、もしベストな銘柄を選べたとしたら、その株価は決算発表までに15％上昇してもおかしくない。一部はそれ以上に50％UPとか、トレンドが変わるまでに倍になるといったこともありえるだろう。

この戦略なら、勝ち組銘柄を選べば大金を得られるだろうが、買い注文は素早く入れる必要がある。彼は上昇トレンドの最初の4％をみすみす逃して、遅れて買いに入るようなわけにはいかなかった。

一日に大幅に値動きするような銘柄であれば、それが確実に上昇トレンドにあり、簡単に5％下落して彼のストップロス注文が出されてしまうようなことがないとはっきりしていることが重要だ。

というわけで、彼は上昇トレンドが始まったところで自動的に株を買えるように、買いの逆指値注文を入れるべきだと判断した。

彼のプランは、株を買い、5％下落することがない限り、なるべく長く保有するというものだった。株価の急変動によっては、買ったその日に売却を強いられて、彼が結果的にデイトレーダーになってしまうこともありうる。一方で、5％下落することなく上昇を続けて株価が倍になるようなことがあれば、一年以上にわたって保有することもありうる。彼は一度の取引について、5％もしくは250ドルのリスクを負うが、利益は無限大だ。

取引システムをテストするには、紙の上でバーチャルに取引してみるか、パソコンのシミュレーターを使ってみるしかないが、彼の銘柄の選び方は、今回はかなり主観的に選んだものだったので、それ含めてプログラムするのは無理だろう。

新米トレーダーは彼の取引プランに自信を感じた。これまで読んだ多くの投資の本に書かれていた提言に素直に従ったものだし、金持ちトレーダーのアドバイスにも従っている。ここでまた金持ちトレーダーを煩わす必要はないような気がする。

もう十分、やっかいになったじゃないか？

彼は新規ビジネスのプロジェクト資料を作成しているビジネスマンのような気分になってきた。以前の、自分の突発的な考えで取引したときに感じたアドレナリンが走る感覚とはかなり異なる感覚だった。

一瞬、彼は自分の取引プランが積極性に欠けるのではないかと思った。自分はもう少しリスクを取るべきじゃないだろうか。一取引につき250ドルというのは、これまでの労力に見合う額だろうか？

彼の欲望はもっとアグレッシブな取引プランを要求していた。彼の欲望は一年でミリオネアになることを渇望しているのであって、数百ドルをちまちま取引したいのではないのだ。

欲望が彼をよりアグレッシブな取引へと誘うのにつれて、恐怖が彼の心を侵食してきた。疑いの念が心の底からわきあがってくるのを彼は感じた。

最初の10回の取引を続けて負けてしまったらどうなるのか？　そうなると2，500ドルが吹き飛ぶことになる。2，500ドルを稼ぐのは大変だったんだ。もう一度貯めようとしたら4、5か月はかかるんじゃないか！

彼はむかむかしてきた。

「そうする価値があるってのか!?」彼は自分の本職と副業のことに思いが及ぶと、声を上げて叫んだ。

彼は以前読んだ巨万の富を築いた人々の伝説を思い出し、金持ちトレーダーが手にしている自由をうらやんだ。金持ちトレーダーは素晴らしい家を所有し、レポートを提出しなければならないような仕事もない。ボスもいないし、スケジュールもない。彼は大学をドロップアウトしたにもかかわらず、大金持ちになったのだ。

新米トレーダーは決断を下した。

ただ諦めて残りの人生をあくせく働くのか、もしくはこの富への旅程を続けるのか？

そう思うと決断は早かった。自分はトレーダーになるのだ。他のどんな職業が、このようなチャンスと成功への可能性をくれるというのだろう？　これは懸命に頑張ってビジネススキルを学べば、最終的には勝てる宝くじみたいなものだ。

自分はトレーダーになる道を進むのだ。学び成長する過程で恐怖も興奮も経験するのだ。

「希望や恐怖心、欲望と同じで、プライドというヤツは素敵なバナナの皮みたいなものだ。これまでで一番ハデにすっころんだのは、感情的にポジションを取ったすぐ後のことだったよ」――エド・シィコータ

◉この章のための推薦図書
The Psychology of Trading: Tools and Techniques for Minding the Markets, by Brett Steenbarger
「精神科医が見た投資心理学」（ブレット・スティンバーガー／晃洋書房）

5
新米トレーダーは学ぶことをやめて失敗する。金持ちトレーダーは市場について学ぶことをやめない。

とうとうやったぞ！　という高揚感とともに新米トレーダーは目覚めた。自分は優れたトレーダーだ。取引スタイルも確立され、プランもある。彼は遅い朝食を一緒に取れるかと金持ちトレーダーに電話した。今日は土曜日だ。株式市場は閉まっている。

こんな日にトレーダーは何をするか？　リラックスして得た利益を楽しむのだ。

二人は会う約束をし、正午前には家庭的なレストランのテーブルで好みの朝食を注文していた。くつろいだ気分でゆったりとおいしい料理を楽しむのだ。

「ようやく投資というものがわかりましたよ」新米トレーダーは卵を食べながら唐突に言った。

オレンジジュースを飲んでいた金持ちトレーダーはむせて、もう少しで大笑いして噴出すところだった。

「何がそんなにおかしいんですか?」新米トレーダーは金持ちトレーダーの反応に困惑して尋ねた。これは真剣なビジネスの話なのに!

「うむ、すまんすまん」ようやく息をついた金持ちトレーダーは言った。「しかしね、」そう言って彼はまた笑い出したが、今度はもう少し控えめな笑いだった。「今までそんなことを言った人は一人もいないよ」

「かなりの調査をしたんです。それから自分の取引スタイルも決めました。いわゆるトレンド追従型です。取引プランも書き上げました」そう言って、金持ちトレーダーに束になった書類を差し出すと、ベーコンを一枚平らげた。

金持ちトレーダーは注意深くその書類を眺めると言った。「これは偉大な第一歩だね」

「第一歩?」信じられないといった趣でしかめっ面を作ると新米トレーダーは言った。言いながら2枚目のベーコンを平らげる。

「これは、新入生が最初の講義の際に提出するレポートのようなものだよ。もし、君が他の成功したトレーダーと同じだというのなら、君はこの取引システムをテストして、それから必要な調整をしなければならないだろうね」

金持ちトレーダーはオレンジジュースをすすった。

「しばらくはうまく行くかもしれない。だが、たいていは市場の変化のために突然うまく行かなくなって、君の資本金は大幅に目減りするハメになる。システムがそもそも働かなくなることだってある。君はまだ知らないだろうがね。あるいは、強気相場の中でうまく稼げるが、弱気相場ではそれまでの利益を全部放出してしまうかもしれない。弱気相場でも利益を上げようとしたら、君のシステムを反転させ、支持線を割った時に同じ銘柄を今度は売らなければならないかもしれない。シミュレーションと実際の資金を使って君のシステムをテストすることでかなり勉強になるよ。君はまず勝率と、平均的利益額と損失額についての考え方をはっきりさせなくちゃならない」

新米トレーダーはレストランに入ったときに抱いていた自信がみるみるしおれていくのを感じた。なぜ取引がそんなに複雑でなきゃならないんだ？

彼は金持ちトレーダーからレッスンを受けて食欲が全く失せてしまった。失望が肩に重くのしかかる。彼は取引システムを作ることが単なる始まりに過ぎないなどと予想もしていなかった。宿題をようやく終えて、もう研究もしなくていいとばかり思っていたのに。

金持ちトレーダーとの会合は、今回もこれまでとほとんど変わりがなかったようだ。彼は自信に満ちてやってきて、打ちのめされてとぼとぼ帰る。

「では、僕の次の課題は取引システムのテストと調整なんですね？」新米トレーダーはしぼんだ自尊心を隠そうとして尋ねた。

「そうだ。君の取引システムは確固とした原則に基づいているよ。しかし、できるかぎり定量化して精査しなければならない。実際の取引でどのようなパフォーマンスを見せるか記録しなければならない。もっとも重要なのは、その取引システムを計画通り運用するに当たっての自分自身の自制心と自信のほどを確認しなきゃならない」

パンケーキを一口食べながら、金持ちトレーダーはそう話した。

「もちろん、そうしますよ！」いかにもわかっているという調子で新米トレーダーは答えた。

金持ちトレーダーは面白そうに微笑んで、片方の眉をくいっと上げた。

「これも強くお勧めしておくが、取引日誌をつけておくことだ。取引を始める前と後にそれぞれ書くんだよ。自分の取引システムとプランに従って適切なタイミングで売り買いしようとした時に、自分の能力に問題を感じたら全てを記録しておくんだ。慢心や、欲望や恐怖といった感情が取引に影響を及ぼさないように常に見張るんだ。退屈というものは、利益よりもアクションを起こすことを求めさせるという点で、良いトレーダーを悪いトレーダーへと変えかねない。**取引日誌は、自分自身がどうなのかトレーダーに教える先生**

のようなものだ」

新米トレーダーは、そんなことをしても時間の無駄だと口ごたえしそうになったのをあわてて飲み込んだ。金持ちトレーダーは親身になって自分のことを考えてくれているし、自分を誤った方向に導いたことなどないことはわかっていた。

それに、新米トレーダーは言われたことをやらないために、またバカみたいな目にあうのはごめんだった。

「取引日誌をつけると、何がわかるんでしょうか?」

「パターンさ」

「どんなパターンですか?」

「君が行った良い取引と悪い取引の原因が何だったかのパターンさ。君が何を考えていて、取引プランに反するようなことをさせたのが何だったのか。あるいはまた、何が君に一番当たった取引を可能にさせたのか。君の取引システムがうまく行ったのが午前中の取引なのか、あるいは引けまでの2時間なのかといったパターンもわかるかも知れない。取引日誌には、実際の取引の情報だけでなく、その時の雰囲気や気分、目標としたことや、できるなら売買ポイントを記したチャートなども一緒に、できるかぎりの情報を詰め込んでおかなければならないよ」

「そうします」新米トレーダーはパンケーキの最後のひとかけらをつまんだ。大好物のパンケーキにちっとも食欲がわかないというのは、十分、不安な要素だった。

「他にも何か知っておかなければならない重要な教えはありますか?」新米トレーダーはすっかり落胆しながら、それでも希望の欠片を探すように尋ねた。

「常に謙虚さを失わないことだ。株式市場は完全にマスターするには大きすぎることを知るべきだ。自分自身について学ぶこと、市場について学ぶこと、それからリスクについて学ぶことをやめてはならない」金持ちトレーダーはそう話すと、新米トレーダーに尋ねた。

「これまで投資に関する本を何冊読んだかね?」

「10冊です」それが失望を誘うような数ではないことを祈りつつ、新米トレーダーは答えた。

「ほとんどの優れたトレーダーは何百冊と読んでいるよ」そう金持ちトレーダーは答え、新米トレーダーはため息をついた。なんとなく予想はしていたことだったが。

「毎日、どれくらいの時間、チャートを見るのかな?」

「注文を入れる前の何分間かです……」新米トレーダーは恥ずかしそうに答えた。これが模範的な回答でないことは彼も知っていた。

「偉大なトレーダーたちは、支持線や抵抗線、トレンドを探って毎日、何時間もチャートで勉強するよ」金持ちトレーダーは生徒に優しく諭すように教えた。「偉大なトレーダーたちは人生をかけて学び続けるんだ。私のアドバイスは、常に市場の生徒であれというものだよ。毎晩、ベッドに入るときには、朝起きたときよりも市場について理解を深めて眠りに落ちるんだ。一生懸命勉強し、経験し、集中することで、君はいつの日か使った時間を全てお金に換えていけると思う」

「私は長い人生で、幅広い分野の様々なことを知る優秀な人物に出会ってきたが、彼らの中で普段から読書にいそしまない人は一人もいなかった。ただの一人もだ」——チャーリー・マンガー（バークシェア・ハサウェイ社の副会長でウォーレン・バフェットのパートナー）

◉この章のための推薦図書

How Legendary Traders made Millions, by John Boik

CHAPTER. 2
RISK
リスク

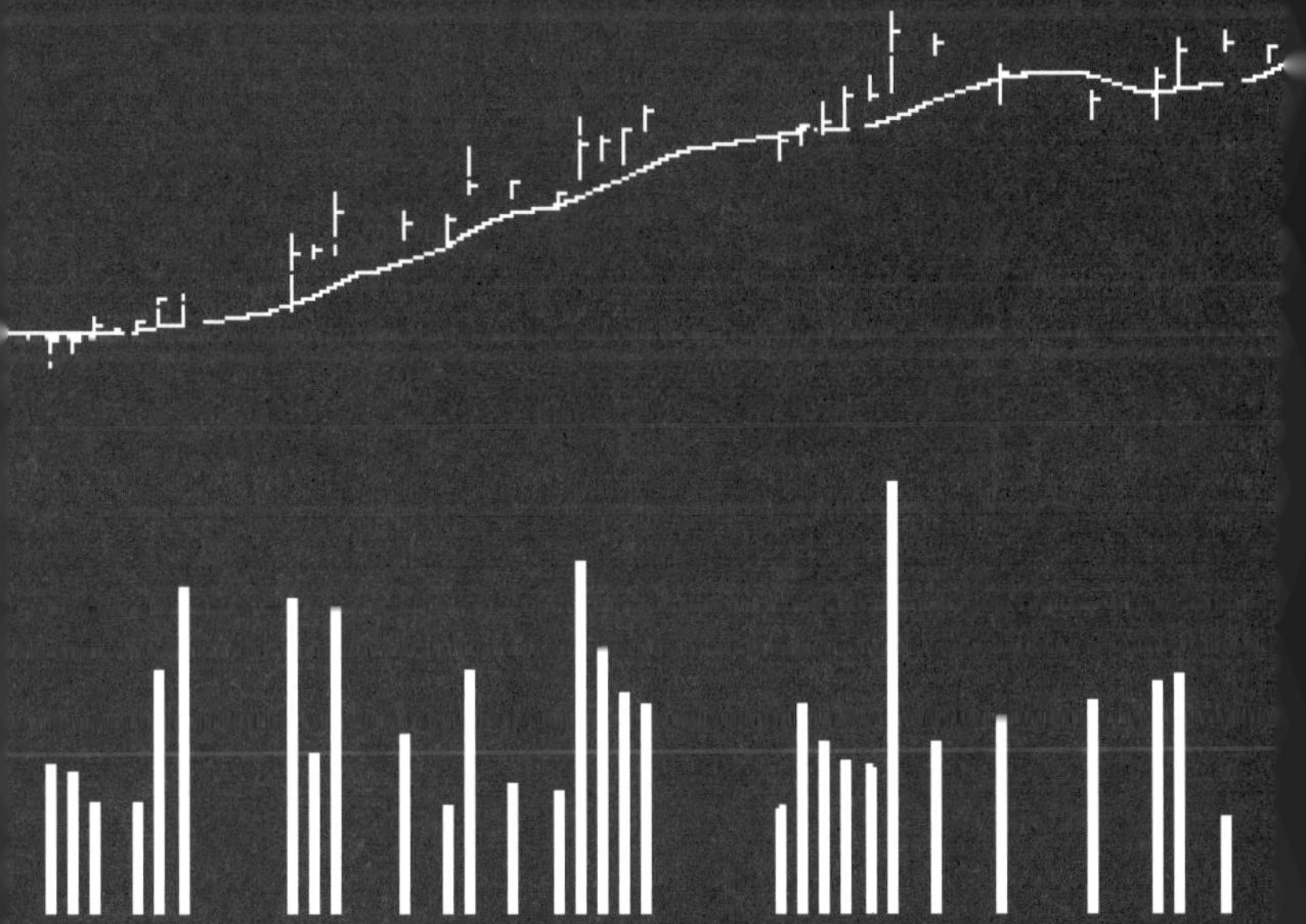

6

新米トレーダーはギャンブラーのように振舞う。金持ちトレーダーはビジネスマンのように活動する。

耳障りな目覚まし音が鳴るとすぐに新米トレーダーはアラームを切った。彼は目覚めたまましばらく横になっていたのだ。市場が開くまで、あと1時間。彼にはやらなければならないことがある。

彼は以前取引をしていたときに感じたような異常なほどのアドレナリンの放出を感じた。そしてテレビに飛びついてCNBCのチャンネルをつけた。

欧州とアジア市場では株価は1％以上、上昇していた。彼はなぜこうした変動が起きたのか理解しようとしたが、株価上昇の正確な理由を読み解くことはできなかった。しかし、トレーダーらが強気で株価が上向きなのはわかっている。

そして、今日は投資で儲ける自信に満ちて、彼はパソコンの脇に彼の取引プランを書いた紙を広げた。彼は金持ちトレーダーと取った食事の時から2週間かけてシミュレーターでテストし、10回の取引を記録した。

7回の勝ちに3回の負け。（金を失わなければ、それは勝ちだ。取引手数料を払うだけでいい。）2，400ドルの儲けに750ドルの損で、差引で1，650ドルの儲けになった。

彼の取引システムはうまく行っているようだ。しかし、システムの長期的な実現可能性を見るには10回では足りず、より多く取引を重ねるべきだと金持ちトレーダーだったら言うだろう。それに市場全体が上昇基調であるかどうかは、システム自体とは別物だということを彼は知っていた。

彼は自分の取引日誌を眺めた。学んだことを復習するには非常に便利で、彼は金持ちト

取引 01：	▲250 ドル
取引 02：	▲250 ドル
取引 03：	250 ドル
取引 04：	0 ドル
取引 05：	500 ドル
取引 06：	▲250 ドル
取引 07：	200 ドル
取引 08：	750 ドル
取引 09：	300 ドル
取引 10：	400 ドル

レーダーのアドバイスを聞いて良かったと思った。

①ロスカットは極めて重要だ。250ドルの損失を出して売った銘柄のほとんどは下落を続けており、銘柄によっては1，000ドル以上も損をする可能性があった。取引を始める前に、リスクとして負える金額を決めておかなければならない。

②買いの逆指値注文は有効だ。これによって自動的に相場に参入でき、追加で利益を上げることが可能になった。取引した幾つかの銘柄については、上昇トレンドを見て買いに入ろうにも、急騰時に手入力で注文していたら、おそらく何百ドルも稼ぎ損ねていただろう。

③自分は株価が下がり始めたところで利食いをしている。もし、トレイリング・ストップ注文を出していなかったら、2回の取引で利益を手放していたところだった。利食い売りの戦略を持つことは良いことだ。

自分のこの取引システムは、注目銘柄をもっと早く、多分、支持線のあたりで買う方法が見つかるとか、あるいはまた、下落場面ではなく大幅上昇したところで売る方法があれば、もっと良くなるだろう。金持ちトレーダーはこれについてきっとアドバイスしてくれるのではないだろうか。

新米トレーダーはその朝、取引をしたいという強烈な誘惑を感じた。それで、買いに入るポイントがないかとウォッチリストをチェックした。

彼の欲望は肩に乗った小悪魔のように彼に耳にささやき、シミュレーション用の口座ではなく、実際の口座で株を買うようにと彼をそそのかした。

実際、それに見合うことをやったじゃないか？　と悪魔はささやいた。生懸命、調べものをしたし、取引を重ねて口座を運用することを学んだ。彼は利益を得てもいいんじゃないか。相場は彼に借りがあるようなものだ。

リアルタイムの株価ストリーマーは赤と緑に点滅し、ラスベガスでギャンブラーを誘うように彼を相場へといざなっている。一時、この悪魔は勝利し、大量のあぶく銭を勝ち取る幻想が彼の心に忍び込んだ。

彼は賢い。――欲望という名の悪魔は彼に言った。お前なら市場の動きに勝てる。

株価は上昇していた。彼が今、保有するのはＳＲＲＳだけで、株価は10・35ドル、紙の上では５００ドルの利益になっている。株価が9・85ドルに落ちたとき売れればいいわけで、この状態はかなり心強い。

取引プランに目を移した時、彼の理性が戻ってきた。プランに沿った動きをしなければ。

計画もなしに大量の株を買うなんてばかげている。パソコンから離れなければ。取引したいという誘惑から離れなければならない。

彼はとうとう金持ちトレーダーに電話をかけた。すると、来て話さないかと快く金持ちトレーダーに招待された。

新米トレーダーは正午頃に金持ちトレーダーの家に着いたが、その時不意に、彼は金持ちトレーダーが一度もCNBCを見ていたことがなく、それどころかディスプレイが幾つもあるようなイカした取引ステーションなど持っていないことに気づいた。

彼は一体、取引しているのだろうか？　それとも引退したのだろうか？

「自分が取引しようとしたときの誘惑には本当に驚きました」と新米トレーダーは話し始めた。「計画に従うより、アグレッシブに取引したくて仕方がないのです」

「全てのビジネスや規律と同じで、失敗する原因の一つは、いつも心理学的な側面によるものだ」金持ちトレーダーは言った。「**プロフェッショナルでいるということは、どんな気分でいたとしても自分の仕事をする、ということだ。**トレーダーには実際は二つの仕事がある。調査と取引だ。最初は調査しなければならない。長期的に成功する可能性が高い取引システムを見つけ、そのシステムをテストし、自分の個性に合う取引プランを作成する。それからその勝率と過去データからの最大下落幅に基づいて、リスクにさらせる金額をはじき出す。そうしたら、次の仕事はその取引プランに沿って取引を行い、相場が開いている間はそれを変えないということだ。調整は取引時間外に行う」

「下落って？」思わず新米トレーダーは尋ねたが、自分がバカみたいな気がした。

「取引では、口座残高は一方的に増えていくものではないのだよ。例えば10，000ドルからスタートしたら、それが9，500ドルになり、それから10，500ドルになるといったようなことだ。口座残高が2倍になったとしても、それは単に値動きが荒いなかでの一時的なものかもしれない。一回、大勝ちして、それから3回小さく負け、それからもう一度大勝ちした後に2度小さく負ける……こんなことはよくある事だ。**成功への鍵は小さく負けて大きく勝つことだ**」と金持ちトレーダーは言った。「もし損失が出ているのなら、すぐに撤退することだ。一番理想的な取引は買った時点で儲けが出ているものなのだから。逆に利益が出ているなら、ストップロスになるまで放っておいて利益を伸ばすんだ。いいかい、負け組になりたいなら、一番の方法というのは、損切りせず、株価がさらに下落を続けている間、株価が戻るのを期待し続けるということと、逆に利益が出たときに小額ですぐに利食いしてしまい、大きな利益を逃していつまでも負け分を取り返せないということだ」

金持ちトレーダーは一息ついて、さらに続けた。

「もう一つ、非常に重要なことがある。**取引しようとパソコンに向かったら、カジノではなく、オークションに参加するような気分で取り組むことだ。**自分のビジネスにおいて仕事をするように感じるべきで、スロットマシーンをしたり、ルーレットでチップを賭けるような気分になってはダメだ。もうそうした気分を味わったとしたら、君はギャンブルをしたいだけでいずれは失敗するハメになる。

トレンド追従型のトレーダーは利益を上げる、チャートを読むトレーダーも利益を上げる、スウィングトレーダーも利益を上げる、デイトレーダーも利益を上げる、ポジショントレーダーも利益を上げる、しかし、ギャンブラーは全て最終的には何もかも失うのだ」

そう金持ちトレーダーは話し終えた。新米トレーダーは少し動揺の色を隠せなかったが、金持ちトレーダーの警告を胸にしまった。

「リスクは、自分が何をしているのかわかっていないということがその原因だ」――ウォーレン・バフェット

◉この章のための推薦図書
Trading without Gambling, by Marcel Link
「続高勝率トレード学のススメ」（マーセル・リンク／パンローリング）

7 新米トレーダーは全財産を賭ける。金持ちトレーダーは注意深く取引量をコントロールする。

新米トレーダーは沈思黙考していた。

彼はより大きな利益が欲しかった。それも、もっと早い段階で。

SRRS株を500株、一ヶ月近くにわたって保有したこの経験をもってして、1,000株を取引する準備が整ったのではないか。5,000ドルを2ポジション持つ代わりに、1万ドルを1ポジション持つだけではないか。

信用取引を使えば2万ドルが使えるということと同じだから、1万ドルの取引でも確実に平穏な気分でいられるのではないか……。

彼はこのことを何度も何度も考え、取引プランを変更するように自分を説得しようとした。彼はデカい取引を、それもなるべく早くしたかった。

彼はSRRSが決算発表までに12ドルに達するという予想が確実に思われて仕方がなかった。だから、全てをそこに賭ける誘惑に駆られていた。

もちろん、この時点では欲望が彼の良心を凌駕していた。彼は自分ではこの事実に気づいていて、金持ちトレーダーが話していた教えに集中しなければいけないことはわかっていた。

「トレーダーとしてのおまえの仕事は取引に集中することで、利益ではない」

利益は一回の取引につき一度得られるものだ。そう考えたところでアイデアが浮かんだ。SRRSの来月満期で行使価格11ドルのコールオプション（オプションは金融派生商品の一つで、コールオプションとは、ある期日に、ある物を、ある価格で買う権利のこと。売る権利はプットオプションと呼ばれる。）が1ドルで取引されていた。それで狂った考えが彼の頭の中に入ってきた。

1万株を自分の口座の1万ドルでコントロールできるのではないか。

オプション取引が１００株単位なのは知っていた。オプション価格は株式一株一株に対するものなので、１００株につき１００ドルというのはわかりやすい。

彼が理解していなかったのは、株価は11ドルに達しなければならないだけではなく、それに加えて、オプションプレミアム分、上昇しなければならないということだ。そのオプション取引でとんとんの収支になるためだけでも、SRRSは今後30日の間に12ドルに達しなければならないということになる。

10ドルあたりで取引されている銘柄の11ドルのコールオプションということは、彼はオプションの本質的価値を買おうとしているのではない。期待を込めた時間的価値だ。その価格で株式を買うという権利を1か月間買おうとしているのである。

彼は株価が今後30日間で20％上昇する可能性がどれくらい低いか理解していなかった。過去の実績で見ると、ＳＲＲＳは10から15％、決算発表の前か発表後に上昇している。

それはすでに起きたことだ。

新米トレーダーは取引したくて仕方なかったが、これには5つの問題があった。
① この取引は彼の取引プランに反するものだった。
② 彼は自分がしようとしている取引の中身を完全に理解していなかった。
③ 彼は取引が成功する可能性を探るために必要な、株価の過去変動についての調査をしていなかった。
④ それはいちかばちかの賭けだった。オプションが無価値のまま満期日を迎えれば、彼は口座の1万ドルを全て失うことになる。
⑤ 万が一、判断が正しく、大きな利益が得られたとしても、これによって彼は再び大きなリスクを取るような取引を推奨されることになってしまう。そのため、彼は最終的には口座の全ての資金を失うことになるかもしれない。

彼にとっては幸運なことに、逡巡しているうちに、また別の感情の声を聞くことになった。すなわち、恐怖心だ。

この感情はトレーダーを何度も行動不能に陥れるが、それでも欲望をかわすために恐怖心を使うのは賢い方法だ。

恐怖心はすぐさま、もし取引が完全に失敗した場合に彼が全てを失う可能性があることを指摘した。恐怖心はまた、彼が金持ちトレーダーに電話して、このサイコロを振って全てを賭けるという衝動について話すのを控えさせた。

すると、何かが新米トレーダーの心に芽生えてきた。

もし、投資の先生と話すことをためらってしまうような取引だとすると、そんな取引はするべきではない。

新米トレーダーは彼の先生である金持ちトレーダーの家に行くことにした。彼の取引プランをより良いものにして、より彼の目指すゴールにマッチしたものにできるよう、アドバイスをもらうために。しかし、彼は今回味わった欲望との葛藤については、金持ちトレーダーには話さないでおこうと決めた。

彼は平日の昼間に不躾に金持ちトレーダーの家を訪れた。あらかじめ伝えていなかったのだが、金持ちトレーダーがパジャマ姿なのに驚いた。片手に本を持っていて、明らかに今、読書していたという様子だ。

何というか……実に変だ。

どうしてテレビのスイッチが入っていない？　ＣＮＢＣが放送されているじゃないか？　パソコンが何台もうなりを上げて、彼はディスプレイにかじりついているはずじゃないか？

新米トレーダーは気になって仕方がなかった。

「今日は取引していないんですか？」玄関に立ちつくしてもじもじしながら、新米トレーダーは尋ねた。

金持ちトレーダーは入るようにしぐさをしながら、片方の眉をくいっと上げた。

「トレイリング・ストップ注文を幾つか入れているよ。だから、株価が反転したら売り注文が出てポジションが解消されてしまうかもしれないな。あとは取引時間の最後の方で、他に買いの逆指値注文を入れるべきものがあるかどうかチェックするつもりだよ」

新米トレーダーはあぜんとした。

巨万の富が詰め込まれた口座を運用し、生計として投資をしながら、どうして取引についてこうも無関心でいられるのか、ただもう彼にとっては理解の域を超えていた。なぜ、株価の動き1セント1セントを凝視していないんだ？　どんな些細な相場の動きも知りたいと思わないいんだろうか？

「自分の保有するポジションが気にならないんですか？　取引する機会を逃すかも知れませんよ」リビングルームに入りながら、新米トレーダーは尋ねた。

「ふむ、われわれは皆、お金を失うのは嫌いだ。しかし、私の売り注文は、あらかじめ決められたストップロス注文の株価に達すれば出されるというもので、私のその場の考えで決められるものじゃないからね。取引システムを運用するのであって、相場がどうなるかという自分の考えで動いているわけではないからね。だから、パソコンにしがみついたり、CNBCを見つめたりする必要はないんだよ。だいいち、そうすると逆に衝動的になって、取引プランに反した注文を入れてしまいかねないじゃないか」

「実は今日、取引プランに反した注文を入れたくなってしまって。でも、そうしなかったんですが」新米トレーダーは決まり悪そうに言った。話すまいと決めていたのにどうしてだろう？

「ふむ、取引プランに反することで生じる一番危険なことは、それはリスクだ。大量のポジションを取引することは、君の口座にとっては大変なリスクとなる」

「ええ……実際、そうしそうになったんです」

金持ちトレーダーは首を振った。

「君が過ちを犯して、口座残高の数パーセントを失うというのならまだ大事ではない。取引を続けて取り戻すこともできるだろう。5%の損を出す取引を4回連続でやったとして20%のマイナスだ。そこからまた5%の利益を上げて元に戻すとしたら5回連続で勝って25%を取り戻せばよい」金持ちトレーダーは一瞬止まって考えにふけった。「もちろん、普段なら2回勝って1回負けるとか、3回勝って2回負けるとか様々なパターンになるが、問題は君が一度の向こう見ずな大口取引で、しかもまずいストップロス注文を計画して、50%もの資金を失うような場合だ。取り戻そうとしたら、その時は元手の100%の利益を上げなければならないということになる。もし、50%の損失で1万ドルの口座残高が5，000ドルになったとしたら、その5，000ドルを新たに運用して100%の利益を上げて1万ドルに戻さなければならないということだ。これは大惨事だよ。1万ドルから20%の損失を出して8，000ドルになった場合なら、元手の25%の利益を上げれば1万ドルに戻るわけだからね。リスクを見極める最も重要な決定要因は、言うまでもなく取引のサイズだ。私の場合は4％以上のリスクを負うことは決してない。それに、良い取引というのは一般的には取引を始めた当初から利益が見えているものだ」

「僕はストップロス注文で5％リスクを取るつもりでした」

「それで、利益の期待値はどうだね？」

「わかりません」

金持ちトレーダーはため息をついた。「それはわかっていなければならない重要な情報だよ。10回取引をして、5％の損失を出したのが5回、2・5％の利益を出したのが5回だとすると、同じポジションサイズだったとすれば、合わせて12・5％のマイナスだ。同様に5％の損失を5回出すが、今度は10％の利益を5回出したとすれば、同じポジションサイズで勝率50％というわけだが、それで25％の利益が出ることになる。しかし、君が一貫したポジションサイズを維持しなかったら、損益レシオ（payoff ratio）をゆがめることになる」

「損益レシオ？」新米トレーダーは困惑した表情で言った。

「基本的には利益の出た取引の平均利益額と損失を出した取引の平均損失額の比率だ。この比率が大きければ大きいほど、勝ち組戦略を持っている可能性が高くなる。この比率が

1・5より低ければ、トレーダーとして成功するのは厳しいだろうな。この比率の計算方法は勝ち取引と負け取引が同数回あった場合、利益の総額を損失の総額で割ればよい。多くのトレーダーにとっては、少なくとも1ドルのリスクに対して2ドルの利益は欲しいだろうね。これはつまり5%の損失に対し10%の利益を勝率50%で得るシナリオのもう一つの表現方法だ。君のシステムを試験的に取引するにあたって、この勝率と損益レシオを記録しておくことは、利益予想を立てる上で非常に重要だよ。負けているときに取引を続けられるように自分のシステムに自信をもつことも重要だ。どんな取引システムでも、市況が取引システムのスタイルに利せず、資産が目減りしてしまうことはある」

「うーむ……わかりました。たびたび助言いただいて、ありがとうございます。なんだか、新たな研究領域に目を開かせてくれたような気がします。取引システムやプランを作るためにそういったことも注意しなければ……。勉強しなければならないことが一杯ありますね」

「またいつでも来なさい」金持ちトレーダーはまた本を手に取ると、新米トレーダーを玄関まで送りながら言った。

「でも、次来るときは、あらかじめ電話してくれよ」

新米トレーダーは苦笑いした。

「金融業界での長いキャリアの中で、私は自分の見知った人々がリスクを尊重しなかったがために失敗し、破滅した例を何度も繰り返し目撃している。もしリスクをきっちり監視することができなければ、リスクはあなたの身柄をさらっていくだろう」――ラリー・ハイト

◉この章のための推薦図書
A Trader's Money Management System: How to Ensure Profit and Avoid the Risk of Ruin, by Bennett McDowell

8

新米トレーダーにとっては、莫大な利益を上げることが最優先事項だ。金持ちトレーダーにとっては、リスクマネージメントが最優先事項だ。

翌朝、新米トレーダーは再び金持ちトレーダーの家の扉を叩いていた。数分たってから金持ちトレーダーが扉を開いた。

「やあ、まただね」金持ちトレーダーはいつもの快活な様子で言った。

「今回は電話してくれたね」

新米トレーダーは微笑んだ。「もちろんです……。講義を受けに来ましたよ、教授」

「ふむ、残念だが、それなら今日はまだレッスンの準備ができていないと言うほかないな。とは言え、入ってくれたまえ。座って、関心ごとがあるなら話してくれないか。多分、何か手助けできるだろうから」

「そうですね……。リスクというのはかなり深遠なものですね。思っていた以上に重要なトピックなんだと感じています」

「リスクは冥府の番犬ケルベロスみたいなもので、様々な角度でトレーダーに噛み付いてくる。投資の手法が異なれば、さらされるリスクの種類も変わってくる」

「僕は、リスクというのは単に損失を出すかもしれない可能性だとばかり考えていました」

「それはそうだ。しかし、損失の出し方には様々あるんだ。
①　まずは、売り買いのポジションと反対方向に値動きが生じることで損失を出すという基本的なリスクがある。これは**取引リスク**だ。しかし、ポジションのサイズとストップロス注文を活用することで、最大値をコントロールすることができる。
②　それから、**相場全体のリスク**がある。素晴らしい業績の会社の株を選ぶこともあるだろうが、何かの理由で株式市場のトレンド自体が下げ基調であれば、その会社のファンダメンタルや過去の値動きがいかに強気であろうと、多分、株価は下がる可能性が高いだろう。相場というのは寄せては返す波のようなもので、やってきたときは浮かんでいる船を全て持ち上げるが、やがて引いていくと全ての船が元の方へ引き降ろされてしまう。
③　また、現状で値動きが非常に荒い、もしくはこれから荒くなるかもしれないという**ボラティリティリスク**がある。値動き幅が大きすぎると早く売りすぎてしまう可能性がある。最初に決めていたストップロス注文の株価に達すれば、たとえ同じ日のうちに寄付き

と同じ水準に株価が戻るようなことがあったとしても、その時点で君は強制的に市場から締め出されてしまうので、結果、システムがうまくはたらかないということにもなる。過去のレンジから逸脱して株価が大幅に値動きするリスクといえる。

④ **持ち越しリスク**は、株式市場が閉まっている間に、何か不測の事態が発生し、翌朝、最初から窓を開けて下落して始まることで、損切り注文を出すチャンスもないというリスクだ。このリスクはデイトレーダーと24時間市場での取引については当てはまらない。

⑤ **流動性リスク**は、単純に十分多い買い手と売り手がいないために生じるもので、そうなると売り買いのスプレッドだけで損失を被る可能性がある。実際、あまりに出来高が少ない株式やオプションでは、単純に買ってすぐに売ると、それだけで価格はいっさい動いていないにも関わらず、5％から10％の損失を被るものもある。9・50ドルに買い注文があり、10・00ドルに売り注文があった場合、その10・00ドルの売値で買い、すぐに9・50ドルで売ったとすると、ただ市場に入って出ただけで5％の損失を出すことになるわけだ。したがって、気配値でなるべく売買注文の差が少ない銘柄を取引するのが重要だ。10セント未満ならよいが、理想は1、2セントの最小限のスプレッドだ。

⑥ **マージンリスク**は保有株式を担保として、証券会社から資金を借りて追加で株を購

入するときに生じる。ほとんどの証券会社では、信用取引口座を開設すると口座残高の2倍の金額の取引ができるようになる。（※米国の証券会社の場合）1万ドルが入っている口座では、マージンを使って2万ドルに値する株式の取引が可能になる。もちろん、その株式に担保価値があるかぎりでの話だ。リスキーなペニー株や小型株は信用銘柄と見なされないことがある。信用取引の良い点は、うまく行けば利益が2倍になることだが、当然ながら反対に2倍の損をすることもある。信用取引でリスクを2倍にするということは、損失が2倍の速さで積み重なるということで、破滅するリスクも増えるということになる。

⑦ **決算リスク**は決算期を通じて株式を保有することで、決算発表がなされた際に、どちらかの方向に株価が一方的に動くリスクにさらされるというものだ。動きが大きすぎて、取引時間外でストップロス価格を突破してしまうことになれば、口座資産はかなり痛めつけられることになる。

⑧ **地政学的リスク**は外国に拠点のある会社に投資したり、ビジネスの大半をある国で行っている会社に投資した場合に、その国の政情が急変するリスクだ。例えば、1960年にキューバで共産党が全ての個人資産を没収したとき、投資家も資産家も全て一掃されることになった。

⑨　**時間価値減耗リスク**。オプション取引をした場合、時間的価値は刻一刻と削られていくと知るべきだ。ストックオプションの価値の主要な部分は時間的価値だ。毎日、オプションはこの部分の価値を失い、権利行使価格がいくらであろうと、最終的には原資産と同じ価値になる。したがって、もしオプションを取引しようと決めたなら、値動きと時間的枠組みの両方で予想を立てなければならない。オプションプレミアムも支払うことになるので、利益を出すには、そのコストを含めてそれ以上の利益にならなければならない。

⑩　**単純ミスのリスク**は、取引しようとした時に数量に間違って一つ多くゼロを入力してしまうとか、間違った銘柄コードを入力してしまうとか、買うつもりの銘柄を売ってしまうなどのリスクだ。取引する前にダブルチェックをすることが重要だ。

⑪　もっともフラストレーションがたまるリスクは**技術的リスク**だ。今そうした問題を抱えていないとしてだが、今後、取引時間中にインターネット通信が故障したり、証券会社のサーバーがダウンしたりする可能性がある。したがって、ボタン一つで証券会社に連絡できるように、バックアッププランを確保しておくのが良いだろう。取引中はあらゆることが起こりえると肝に銘じておくべきだ」

金持ちトレーダーがそう言い終わると、新米トレーダーはノートを取り終え、じっくり考えてから言った。

「何というか……かなり多いんですね。全て暗記しているなんて、驚きです」

「トレーダーとして、君はリスクを尊重することをすぐ学ぶことになると思うよ。どんな投資でも、取引を始める前にそれに関わる全てのリスクを注意深く見積もる必要がある。自分自身に問いかけるんだ。『この取引で幾らまでリスクを負うんだ？』、『5回連続で損失を出したら、合計で何％損することになるんだ？』とね」

「こうした様々なリスクをどう管理したらいいか、何かアドバイスはありますか？」

「簡単なものだが、取引に関わるリスクを下げるための助言をしよう。聞いたことがあるものも多いだろうが……

①　取引をする前に、ストップロス注文の水準を決めておくこと。

②　**最初に決めたストップロス注文を尊重し、断固、損切りをすること。**

③　損失と利益を相殺できるように、同じ取引サイズを維持すること。

④　あらかじめ決めた取引プランの基準に従った取引だけをすること。

⑤　相場全体が上昇基調の強気相場では、大部分を買いポジションに、全体が下落基調の時は、大部分を売り注文にすること。（例えば10日移動平均線が20日移動平均線の上を

行っていれば上昇基調の良いサインで、その反対は弱気相場ということになる。）

⑥　信用取引は、通常サイズの取引を追加でするようなときに使うべきだ。信用取引では清算までの3営業日待つ必要がないのが特徴で、一度手仕舞いしてからすぐにまた取引が続けられる。信用取引を一度の大口取引のために使ってはいけない。

⑦　株式銘柄であれば、一日に１００万株以上の出来高があるもの、オプションであれば１，０００以上の建玉があるものを取引すること。

⑧　デイトレーダーになると決めれば持ち越しリスクは避けることができる。もっとも、一番利益を上げているトレーダーは、ポジションを何週間、何か月も保有するのが通常だ。持ち越しリスクを管理する唯一の方法は、不確定要素が大きい場合に、その時だけデイトレーダーになるか、政治的な出来事や会社の決算発表が取引時間後にある場合なら、その前に全て手仕舞いしてしまうというものだ。

⑨　ボラティリティリスクを管理するには、動きが鈍い、一定の取引レンジにある安定株を取引すればよい。株価ベータ値（個別銘柄と市場の連動性を示す数値で、ベンチマークとなる指数に対し、その数値が1より小さければ価格変動が小さく、大きければ価格変動が大きい銘柄ということになる。）が１・０の株はＳ＆Ｐ５００指数と連動する。２・０のものはその2倍の値動きだ。ボラティリティを管理したいなら株価ベータ値が低いものを取引するとよい。儲けるために値

動きの激しい、つまりボラティリティの高い株を選ぶ必要はない。必要なのはトレンドにあるか、支持線と抵抗線で挟まれたレンジを動く銘柄なのだ。

⑩　地政学的リスクを回避するには、米国や英国、カナダ、日本などの歴史的に安定した政府がある国でビジネスの大部分を営む会社を選べばよい。新興国市場で取引をするということは、地政学的リスクを取っているということになる。

⑪　オプションの場合、時間的価値が劣化するリスクはディープ・イン・ザ・マネーの状態のコールもしくはプットオプションを取引することで限られたものにすることができる。この状態のオプションはほとんどが純粋に本質的価値だけで、時間的価値はあったとしてもわずかなものでしかない。また、100％株価と連動した動きをすることもある。したがって、コストがよりかかったとしても、期日までに時間的価値がなくなるリスクは排除できることになる。

⑫　注文に際しては、最後の実行ボタンを押す前に、常にダブルチェックを忘れないことだ。私は1，000株取引するつもりが、うっかり1万株注文してしまったことがある。売ろうと考えていたのに間違って買い注文を入れてしまったこともあった。これは他のリスクと同様、実際に起こりうることだ。

⑬　証券会社とインターネット接続について、プランB、すなわち代替案を持っておくべきだ。私は携帯電話で証券会社にすぐに連絡が取れるようにしてある。もちろん、携帯電話で株価のチェックもできる」

「僕はこれまで、本気でこうしたリスク全てについて考えたことがありませんでした。実際に取引プランを考えたり、候補の銘柄をピックアップするのにも考慮すべきポイントが多々ありますね。教えていただき、ありがとうございました。投資の上達に向けて、相当、価値があるお話だったと思います」

新米トレーダーは言った。早く帰って取引のことを考えたくてうずうずしていた。

「いやいや、いつでも大歓迎だよ」

金持ちトレーダーは嬉しそうに言った。もっとも、今回は話しすぎて少しのどが痛かった。

「ルール1：決して損をするな。ルール2：決してルール1を忘れるな」――ウォー

レン・バフェット

◉この章のための推薦図書

Super Trader, by Van Tharp

「タープ博士のトレード学校 ポジションサイジング入門」（バン・K・タープ／パンローリング）

9

新米トレーダーは自分が正しいのだとむきになって思い込む。金持ちトレーダーは間違ったとき、すぐに認める。

新米トレーダーはうつらうつらと船をこいでディスプレイに頭をぶつけた。

彼はＳＲＲＳ株をすでに1か月以上、保有しており、株価は極めていい動きをしている。10・58ドルという最高値を更新したあとで、10・03ドルに落ち着いていた。

彼はこの結果にかなり満足しており、最初に予想したとおり12ドルに達すると自信を持っていた。

彼はまだ完全に目が覚めていないので、幾分のろのろとディスプレイに向かった。何度かクリックした後、彼は自分の証券口座にログインしていた。リアルタイム株価ストリーマーを立ち上げ、コーヒーを入れようと立ち上がった時だった。

……9・25ドル

彼は胃がひっくり返るかと思った。

取引開始前の株価表示が9・25ドルになっている！　目がパッと覚めて、コーヒーのことも忘れてしまった。

「9・25ドルだって？　いったい……」

彼は素早く計算をした。彼は一時、615ドルの含み益があったのが、今や50ドルのマイナス!?　利益が蒸発した。――たった一晩のうちに。

インターネットを検索してみると、SRRSのライバル会社がSRRSよりも優れた電子機器装置を発表したことがわかった。アナリストによれば、その製品は4か月以内に発売開始されると見られ、そうなると一年以内にSRRSから20％のシェアを奪うだろうと予想されるとのことだった。

新米トレーダーはどーんと気持ちがふさいだが、彼のエゴが取引プラントに覆いかぶさってきた。

一体どうしたらいいんだ？

心配するな、と彼のエゴはなぐさめを言った。お前は正しいんだ……そのまま保有しろ。株価は戻るさ……他の会社の製品がオリジナルより良いわけないじゃないか。――他の投資家が反応しただけの一時的でごく自然な値動きさ……。

そうだ、自分は正しい。新米トレーダーは自分に言い聞かせた。大きな利益を皮算用していたのに、彼のエゴがこの小さな損失を受け入れるはずがなかった。

彼はここ数か月間、一生懸命勉強してきたことが全てムダになったような気がして、考えたくなかった。このムダになった時間、努力とフラストレーション……何の意味があったのか？　そうする価値なんてあったのか？　売らなければ、損はしない。まだ間違いと決まったわけじゃないんだ。もう一度、株価が上昇するまで辛抱強く我慢すればいいんだ。

そうしたら、今度こそ売ろう。

ともかくも、それが彼のエゴが出した答えだった。一方で、彼の取引プランは極めてシンプルに「売れ」と言っている。

新米トレーダーの取引プランは、彼のエゴとは違い、判断は中立的だ。新米トレーダーの合理的な心理に基づいて作られたのだから。

取引プランは新米トレーダーの方法論とシステムのレンズを通して何をするべきか統括するために作り上げられている。それは新米トレーダーを大損害を被ることから守り、あるいは得られるはずの利益をあまりに多く手放してしまうことを防ぐ意味合いで設計されたものだ。

不運なことに、新米トレーダーは彼自身が取引プランよりも頭がいいのだと信じてしまった。株価が5%下げたら売ろうと考えていたことをかろうじて覚えているだけだ。今や、株価は10%以上下げている。しかし、それでも彼は売る決心がつかないでいた。615ドルという机上の利益が失われるのを見ていたとき、取引プランは彼のボスになっていなかった。彼はただ含み益をほくほくと見守り、何週間も毎日毎日、自分のポジションを誉めそやしていたのだ。615ドルは自分のものだ。取り戻さなければ。彼のエゴが100%彼を支配していた。「売るな！ 値を戻すまで待て。少なくともとんとんになるまで！」

こうして新米トレーダーが頭の中でぐるぐる考えているうちに、株式市場が開いた。彼は株価を凝視した。寄付きは9・30ドル、そして9・20ドルに落ちた。その次の株価は9・18ドル、9・14ドル、9・09ドル。

新米トレーダーは吐き気がしてきた。心臓がバクバク鳴る中で、取り憑かれたように気配値を、株価を、その出来高を見つめている。それらの数字は何か彼に意味しているのだ。しかし、彼は全ての動きが彼の正しさを証明するためのものだと思い込もうとしていた。株価は反発するに違いないのだ。

もちろん、支持線のある9・00ドルまでは下がったとしても仕方ない。しかし、それを割ることはないだろう。買い手がやってきて価格を支えるはずだ。これが本当の投げ売りだったら、もっと出来高が増えているはずだ。売るべきじゃない。むしろ買いを入れる絶好のチャンスなんだ。どうして売らなきゃならない？

新米トレーダーが自分のエゴで気を落ち着けている間に、彼のお金は刻一刻と蒸発していた。

株価は8・98ドルになった。彼のポジションはすでにマイナス185ドルになっており、一度の取引で失う額としてはやってはいけない領域へと落ち込みつつあった。自分の設定したストップロスを尊重できなかったせいで、逆にそれを尊重して取引プランに従って寄付きで売っていたときに比べると135ドルもよけいに損をしている。

彼はこの辺で反発があるはずだと確信していた。今まさに支持線上にある。幾らなんでも売られすぎだ。買い手が安値拾いに走ってくるはずだ。

SRS株は9・10ドルへ持ち直したが、たちまち反転してものの数秒で8・80ドルへと急落した。出来高は急増して普段の一日の取引量にすでに達しており、まるで深い井戸に落ちた石ころのように株価は落ちていった。

もはやこの痛みは我慢の限界だった。新米トレーダーは株を売り払った。

吐き気がした。彼は完全に意気消沈してしまった。

彼はSRRS株を選んだことと、最初に計画した価格を下回ったときに売らなかったことの両面で失敗したと感じていた。

彼は615ドルほどの利益に何週間もほくほくして喜んだ挙句に275ドルを失ったのだ。

彼はSRRSの株価にへばりついて、毎時間、値動きを眺め、チャートや出来高や価格を解釈して株式運用する優れた投資家にでもなったつもりで、あまりに長い時間を無駄に費やしていた。

彼はどんよりと気分が重くなってしまった。金持ちトレーダーと話したくもなかった。取引をしたいとも思わなかった。負け犬になったような気がした。

そもそも自分の株式投資がうまく行くなんて信じ込んでいた時点でカモにされていたんじゃないだろうか。

頭で考えてというより、あまりに落ち込んだ感情のせいで、彼は一連のことが全て失敗であるかのような気分になっていた。

くよくよと何時間も悔やんだ後、彼は再びリアルタイム株価ストリーマーに目をやった。

SRRS株は8・49ドルまで下落し、その後8・97ドルまで急反発していた。しかし、SRRSがリードしていた電子機器の支配的地位が終焉を迎えたのを市場が価格として織り込んだ結果、株価は新たなレンジに入っていた。

決算発表までに株価は回復するのだろうか？　それは誰にもわからない。新米トレーダーにはもうどうでもよかった。彼はただ金を儲けたかったのだから。しかし今や、彼は現実にはどんな取引をしても金を失う可能性があるということと、その損失額自体はコントロールできるのだということを真に理解した。**株価が手仕舞いすべき価格、トレイリング・ストップの価格、あるいはストップロスの価格に達したなら、その時点で彼はその取引についてハズしている可能性が高いと機械的に判断するべきなのだということを学んだ。彼はシグナルを受け入れるべきで、撤退するべきなのだ。**

彼は、ストップロス注文などは、ある種の保険みたいなものだと考えていた。そういえば、車の保険を払っておいて、その月に保険を使わなかったからといって半狂乱になることなどない。保険は単に新車を全壊するような破滅的な事故を防ぐために払っておくものなのだ。

ストップロス注文やトレイリング・ストップ注文は、トレンドが反転する見込みがなく、反発を待っている間にどんどん損失が膨らむといった多額の損失から守ってくれる。通常の取引時間中にそれを用いて撤退できれば、利益を残せる可能性だってあるのだ。たとえそうして撤退を強いられ、その後、株価が反転したとしても、その時は単に買い戻せばいいではないか。何が悪い？

彼は不必要に撤退させられるのを防ぐためにストップロス注文の価格帯の設定がなぜ重要なのかが理解できた。トレイリング・ストップ注文も、トレンドのノイズをやり過ごして利益を最大限にするため、注意深く設定されなければならないだろう。

今回の出来事で大切なことは、新米トレーダーが誰か他の人から教わったのではなく、個人的に大切なレッスンを教わったということだ。彼は、最小限のコストでこのレッスンを学ぶことができてむしろラッキーだったのだ。コールオプションを買っていたら、彼の口座の金が全て吹き飛んでいただろうし、最初に買った1，000株をまだ保有していたら、損失は2倍になっていたかもしれない。275ドルではなく、彼は550ドルの損失を目の当たりにしていたかもしれないのだ。

彼はトレーダーとして成長していた。彼は起きたこと、そこから学んだことを通じて物事を考えるようになった。本当のトレーダーに変わりつつあった。トレーダーらしく考えるようになっていた。あらゆるトレーダーが成功する前にいつかは学ぶレッスンを彼は今回学んだのだ。読んだ書籍、金持ちトレーダーから得た助言、それから彼自身の経験が一体となりつつあった。

彼自身はその時まだ感じていなかったが、彼は実に幸運だったのだ。

「優れた投資というのは、自分のアイデアに断固従おうとする信念と、間違いを犯したときに率直に認める柔軟性の間の、特異なバランスの上に成り立っている」——マイケル・スタインハルト

◉この章のための推薦図書

The Disciplined Trader: Developing Winning Attitudes, by Mark Douglas

「規律とトレーダー　相場心理分析入門」（マーク・ダグラス／パンローリング）

10 新米トレーダーは出口戦略がないために利益を手放してしまう。金持ちトレーダーは利益が出ているうちに確保できる。

金持ちトレーダーの家を前回訪問したのは、思っていたよりも最近のことだった。新米トレーダーがそのことに思い及んだ時には、彼はもう玄関口に上がっていた。

彼の気持ちの中では半分はまた先生からレッスンを受けられるという喜びがあり、もう半分は失敗したことからくる屈辱的な気分が占めていた。

金持ちトレーダーとすごす時間が貴重で、おかげで自分自身がだんだん賢くなることは新米トレーダーにはわかっていた。それがお金に換わっていけばと願うばかりだ。

扉を2度叩くか叩かないうちに、金持ちトレーダーが扉を開いた。彼は湯気を立てるコーヒーカップを両手に持っており、その一つを新米トレーダーに差し出した。

新米トレーダーは感謝の笑みを浮かべてそれを受け取った。彼は金持ちトレーダーの中に、彼の物腰に以前見えなかった何かがあることに気づいた。

彼は成功を絵に描いたような感じだ。たとえポロシャツとたるんだスラックスでいたとしても。彼は、まるで全ての言動が最初から計画されているかのように見え、目的意識と知性を身にまとっている。

そして、いつも快活で新しい一日に準備ができているようであり、新米トレーダーはまさに彼のように自分はなりたいのだと感じた。彼は自由が、自信が、そして安心が欲しかった。

それがために投資を始めたのだった。

「コーヒーをありがとうございます」

「礼には及ばんよ。入りたまえ」金持ちトレーダーは言った。

新米トレーダーはあとに続いて居間に入った。

しばらく世間話をしたあと、金持ちトレーダーが本題に入った。

「さて、最近、投資はどうだい？」

「そうですね、何かわかったと思うたびに、変化球が来て顔に当たりますよ」新米トレーダーは自嘲気味に半笑いしながらそう言った。

金持ちトレーダーも笑った。

「そうか……。私もよく同じように眉間に食らったものだよ。全て勉強のうちさ。しかし、決して相場が『わかる』なんてことはない。**市場を予想することはできない。市場が出すサインに反応できるだけだ。**少なくとも私が成功しているのはその点だよ」

「それでは、取引プランの中で利食いのタイミングですが、どうしたら一番良いと思いますか？」

「それは君の取引プラン、方法論、システムによるね。私のようにトレンド追従型のトレーダーの場合、トレイリング・ストップ注文が利食いになる傾向が強いね。しかし、移動平均線の支持線を破ったときや、何日間か年度来安値を続けて記録したときなど、売りサインが出ることもある。ともかく、利益はできるかぎり伸ばしたいわけだ。選んだ銘柄が大きな波を捉えるチャンスを与えなければならない。トレンド追従型トレーダーは、大きな勝ちをつかむことで他の全ての小さな損失を埋めなければならないんだからね」

金持ちトレーダーはコーヒーを一口すすってから続けた。

「しかし、抵抗線と支持線の間の値動きで取引するトレーダーは、抵抗線と考えている水準に株価が上がればそこで売るだろうね。決算発表を挟んだあたりで短期的な振れを狙うスウィングトレーダーなら、過去の値動きを参考に単純に目標価格を設定するかもしれない」

「過去の値動きというと？」

「つまり、もし君がスウィングトレーダーで、決算発表の1か月前にある会社の株を買ったとすると、過去の値動きから、決算発表前までにどれくらい株価が動くのか知りたいだろう」

金持ちトレーダーは咳払いした。

「決算発表までに4週間、過去4年間の値動きを見た場合に、それぞれ株価が8％、7％、10％、12％と上昇していたのなら、7％ほど上昇したところで利食いするのが賢いだろう。あるいは、8％以上、値上がりしたら7％のところで逆指値注文を入れておく。仮にそのとき10％も上昇したら、見込まれる利益のほとんどは手にしているようなものなので、利食いを検討するべきだろう」

新米トレーダーはしばらく考えてから言った。「そういったことはこれまで考えたことがなかったです。実は、前回取引したとき利益を全てふいにしちゃって……。ニュースが発表されたせいで取引開始前に株価が急落しちゃったんです。しかも、さらに悪いことに、売る水準だったのに売らず保有してしまって、最初の損だけでは済まなかったんです」

「それは不運だったね。含み益のまま持ちすぎたことと、トレイリング・ストップの考えに従わなかったことが合わさったということかな?」

「そうです。その通りです」新米トレーダーはため息をついた。

「ふむ、まあ、それはためになる人生経験さ。飛行機事故がどうやって起きるのかと同じことだ。たった一つのことが原因になるのではなく、常に複合的な問題が原因で惨事は起きる。悪天候や新任パイロットのミス、機器の故障が重なって飛行機は墜落する。決して原因は一つではない。非常に多くの安全装置がはたらいているために、一つの原因では飛行機が落ちるなどという惨事は起こりえないのだが、それは取引も同じことだ。取引するときは、

①　取引しようとする銘柄のボラティリティ、一日の平均的値動き幅、収支報告にいたるまでの過去の値動きなどを知っておかなければならない。さらに、同業他社の収支報告がどのようにその銘柄に影響するかも知っておくべきだ。経済指標の発表も株価に影響するかもしれない。その銘柄についてとにかく徹底的に知り尽くすことだ。

②　リスクをコントロールすること。もし株価が予想とは反する動きをして、ストップロス注文の価格に達したり、もしくは窓を開けて下落したら、撤退するべきだ。これが破滅に対する保険になる。期待したり、その後どうなるか予想してはいけない。ただ、売り

なさい。そうすれば、過半数のケースで、さらに損失が膨らむことを防げるだろう。売ったあとは、あらかじめ想定していたような上昇局面で、自分の取引プランに合った状況になれば、また買いに参入すればよい。

③　自分のエゴを取引から締め出すことだ。君の目指すところは、常に当てるということではない。目標は長期的にお金を儲けることだ。それは、相場で勝ったときの利益を負けたときの損失より大きくすることで達成できる。当てたときに大きく、外したときに小さくということに注力し、いつも当てようなどとは思わないことだ」

これらの金言を吸収しようと、新米トレーダーは必死にメモを取った。

「株が急落したときに、君は売らないことを決めた。この時、どんなルールを破ったのだと思う？　投資家心理に関するものか、リスクか、方法論的なものか」

新米トレーダーは顔をしかめた。

「投資家心理に関したルールがたくさんあるだなんて、以前は考えたこともありませんでした。多分、全部についてなんじゃないでしょうか。僕の取引プランは主に方法論に基づいていています。投資家心理に関するルールにはどんなものがあるんですか？」

「私は過去20年間の経験から、投資に役立つ10の原則を身につけたよ。どれもがつらい思いをして学んだものだ」

金持ちトレーダーはパソコンの隣にある古いノートを手に取ると、最初のページを開いて新米トレーダーに渡した。かすかに黄色がかった紙に、手書きで次の10のルールが書かれていた。

1　毎日、取引を始める前に、自分の取引ルール、取引プランを読みなさい。
2　決して株価の反発を期待してはいけない。最初に決めた価格で損切りしなさい。
3　常に規律を守ること。最初に決めた取引プランに従うこと。
4　決して度が過ぎた取引をしないこと。
5　成功する取引は取引プランとシステムに従ったものだと知ること。
6　何かをしながら取引してはいけない。取引している時は、取引に集中すること。
7　自分の考えはどうでもいい――ただ値動きがあるだけだ。
8　決して予想しようとしてはいけない。トレンドに従い、トレンドの反転に従え。
9　後知恵の罠にはまってはいけない――取引している今、現時点が重要だ。
10　常に相場の動きを尊重し、傲慢になってはいけない。

「ほとんどのルールは、私が実際に経験から学んだもので、ルールに反したことをするたびに数千ドルを失うような痛い思いをした。また、取引日誌をつけていたから、そこから得たものもある」

「数か月前までは、これらのことは単なる常識で、自分にはルールなんて当てはまらないと考えたと思います。でも、今は違います。シミュレーションでの取引と実際に資金を使ってリアルタイムに取引することがこんなにも違うんだと驚いているんです。そういえば、まだちゃんと取引日誌も始めていない。それもやらなきゃ……。書き留めたレッスンと、あなたに教えてもらったルールと原則にしたがって行動し始めないといけないですね。あなたが何年も取引して学んだことなんだから」

「どんなことでも、成功しようとしたら間違いから学び、それを修正しなければならない。偉大なゴルファーになろうと思って毎日毎日バケツ一杯のボールを打っても、フォームがおかしかったら上達しないだろう。異なる状況ごとにどのクラブを使うか、クラブの適切な持ち方、スウィングの仕方、距離によってどれくらいの強さで打つかを学ばなければならない。取引も同じことだ。過ちからできるかぎり早く学び、繰り返さないことだ。取引が当たっているか外しているか、市場は即座に返答を出してくれるのだから、成功するトレーダーの原則というものを学んでいかなければならない。株式投資は見返りは大きいが、簡単なものではない。買うためのプラン、売るためのプランを持たなければならない。そして、当たったときの利益が負けたときの損失よりも長期的に大きくならなければならない。また、自分の取引プランに自信を持ち、何度か続けて負けたとしてもそれに従い続けなければならない。自分のエゴを監視し、取引に影響を及ぼさないように見張ることだ。取引毎のリスクを安全な水準にとどめ、何度か連続で勝ったとしても強欲にならず、全てを賭けたいなどと思わないことだ。株式投資は他のビジネスと同じだ。ビジネスだと思って扱えば、きっとうまく行くだろう」

「テーブルの上にお金が残っているうちに取れ。トレイリング・ストップ注文はイコール利益の確保だ」――スティーヴ・バーンズ

◉この章のための推薦図書

Sell and Sell Short, by Alexander Elder

CHAPTER. 3
METHODOLOGY
投資手法

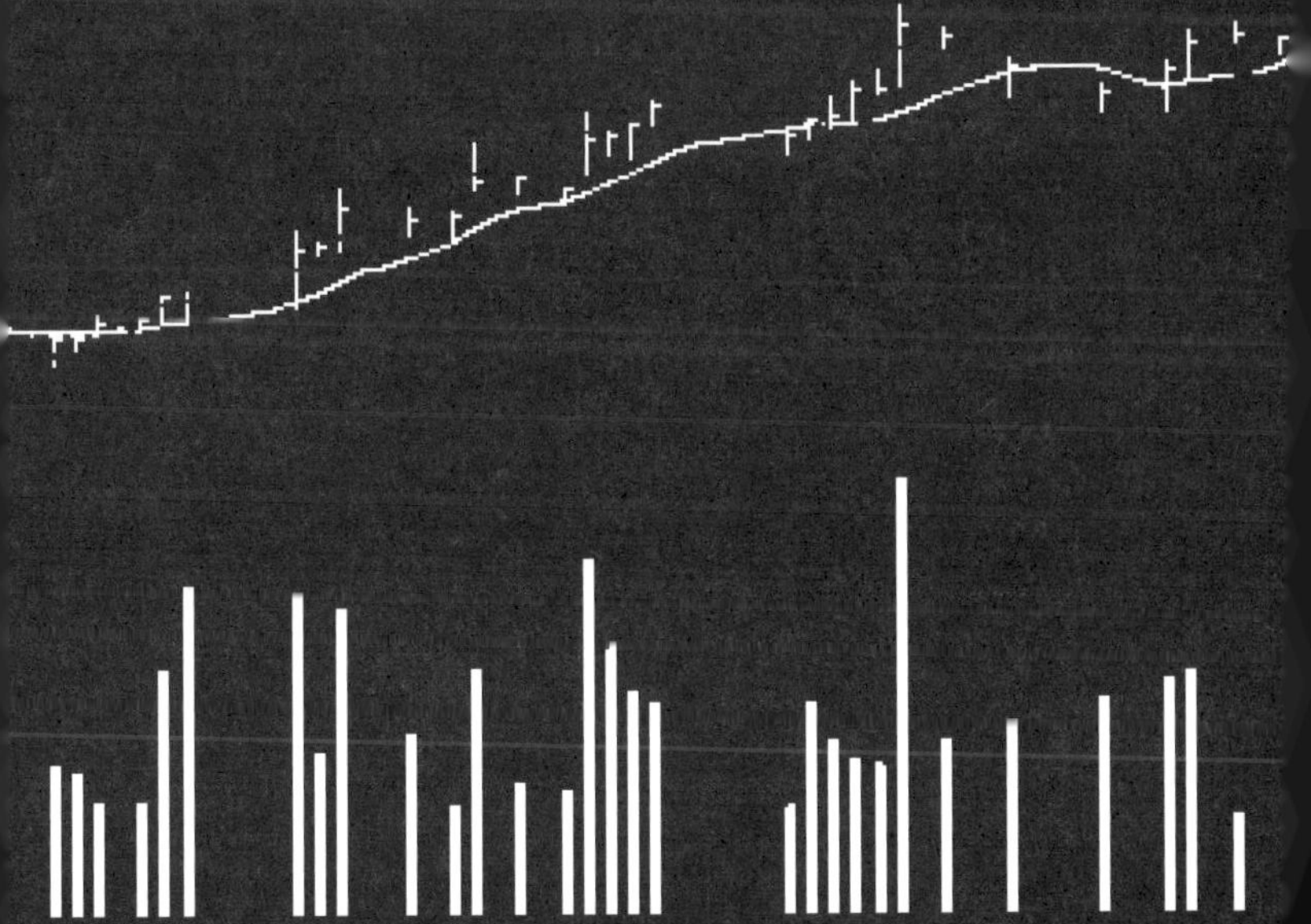

11

新米トレーダーの大多数はすぐに諦める。金持ちトレーダーは成功するまで粘り強くやり続ける。

その後、新米トレーダーは取引よりも思索にふける時間の方が多かった。彼はそもそも株式投資が自分に向いているのかどうか自問した。答えはわかりきっているように思える。彼は株式投資が好きでたまらなかったし、そこで儲けて成功したかった。取引を続けるに決まっているじゃないか！

それで彼はインターネットを検索して人気のある投資関連本を探し、無料でチャートを表示してくれる様々なサイトをチェックした。彼は値動きを理解するためにチャートの勉強を始めた。

歴史的に利益が上がったシステムを探りながら、彼は実際の取引で記録をつけるために小さなポジションサイズで取引をした。

彼はビジネスに取りかかる準備ができていた。自分は成功するんだ。そのためには勉強し、経験し、忍耐強く続けなければならない。成功するために代償を払う準備はできている。

週末で仕事は休みだった。徹底的に情報を頭に詰め込もうと彼は決めた。投資関連本を10冊、ビジネス誌を何冊か、それからお気に入りの経済紙を使い慣れた読書用の椅子の傍らに積み上げた。チェックしなければならないウェブサイトもたくさんある。カフェインがたっぷり入った飲み物に山盛りの砂糖、色とりどりのジャンクフードを準備すると、土曜日の朝8時から、彼は投資の世界へと旅を始めた。

彼は過去の取引の記録と、余白に金持ちトレーダーから得た教訓が書かれた日誌をぺらぺらとめくった。何か参考になりそうだと思えば何でもメモを取るつもりだった。

次から次へとチャートを見るうちに、彼にはトレンドが見えるようになってきた。株価はだいたいの期間で上がっているか下がっているかだ。それが遅い動きだったり素早かったり、狭いレンジ内を動いたりレンジ幅が緩かったりするが、はっきりしているのは大部分の株価がトレンドを持っているということだった。

移動平均線も株価レンジには重要な役割を果たしているように思える。株価が文字通りこのラインに触って反発するようなケースが幾つも見られたのだ。ほとんどエーテルのような見えにくいものだが、それでも予想可能な特性があるような気がした。

移動平均線の中では10日、20日、50日移動平均線が株価の動きに最も影響があるように見えた。非常に長い期間にチャートを設定すると、S&P500指数やダウ平均株価やナスダック総合指数などの株価指数の値動きについては、100日と200日移動平均線も考慮するべきだろう。

また、株価や指数がこれらの平均線を破った場合、そこに戻ってくるのは難しく、したがってそれがトレンドの変化を示すシグナルになるようにも見えた。

チャートを見るのは実に面白かった。

比較的小規模の会社の株価は、大企業の株価に比べ値動きが早いように見えた。また、大企業の株価は小型株にくらべ、比較的レンジ内で値動きする傾向が強いことにも気づいた。

チャートを調べるにつれて、新米トレーダーが以前、気づかなかったようなパターンが見え始めてきた。彼はその日の朝、4時間を費やしてチャートからチャートへと調べ続けた。

ボリンジャーバンドというテクニカル指標が彼の目に留まった。というのは、株価が上昇トレンドにある時はそのアッパーバンドを、下落トレンドにある時はそのローワーバンドをこするようにして反転するケースが数多く見られたからだ。彼は移動平均線やボリンジャーバンドだけでなく、MACDやRSI、ストキャスティクスなどのテクニカル指標も調べた。

彼はチャートについてより理解が深まったが、昼になって、彼のお腹が栄養を欲してシグナルを出した。ピザ3切れとコーラを飲み、彼はさらに勉強を続けた。

彼はネットを検索しているうちに、尊敬するトレーダーが公開しているチャートパターンを偶然見つけ、それらをじっくり眺めた。

チャートの形状として、取ってつきカップ（cup with hundles）、上昇三角型、ヘッドアンドショルダー、フラッグ型、ペナント型、下降三角型、ウェッジと呼ばれるものがある。彼はこれらのパターンが作られる原因と目される投資家心理の理論を読み、これらの形がどれくらいの確率でうまくはたらくのかと考えた。こうした要素が自分のシステムに組み込めないものかとも考えた。テクニカルトレーダーになるのならこれらのチャートパターンを活用できるだろう。彼は自分にあった取引手法を常に模索していた。

彼は自信を持って取引できるテクニックを探していた。取引で損するのがたまらなく嫌なので、高い確率で勝てる方法がよかった。

60％の勝率というのが求めるところの取引システムだ。彼は平均的な利益を平均的な損失の2倍、すなわち利益と損失の比率を2：1にしたかった。彼は今や自分の欲しいものがわかっている。あとはそれを見つけるだけだ。

現時点で上昇トレンドにある注目株は、まさしく新米トレーダーがこれまで経験し、調査した中で最もぴったりくるものだった。

彼は誰もが欲しがるような株に投資するのが好きだった。その会社のビジネスをよく知っていて、市場全体でもその銘柄について強気であるような株がよい。

その日の午前中で彼が学んだのは、**ファンダメンタルと収支報告の予測から、どの銘柄を買ったらよいかはわかるが、チャートとテクニカル指標を分析しないといつ買うべきかがわからない、というものだ。**

買うタイミングとしてよいのは、支持線の近くまで反落した時か、もしくは出来高を伴って高値更新した時だ。彼がチェックしている多くの注目株では、反落した場合にほとんど10日移動平均線まで落ちていた。

しかし、超注目株とも言うべき幾つかの銘柄については、ただもう急上昇して反落など起きない。大量の出来高を伴って株価が上抜けし、後ろを振り返ったりしないのだ。

こうした上抜けで取引に参入するような度胸が彼にあるのか？ 彼にはルールが必要だった。そして、一度決めたらそれがかなり勝つ可能性が高い取引であるような、そういった決定に従うということが必要なのだ。

午後遅くなってからは、彼は投資関連書籍を読み始めた。

彼はカバーをじっくりと見て、目次を吟味し、作家について読んだ。それから中身を読み始め、最初の1章か2章を読んだら別の本を取り出してそっちを読むといったふうに、次々と読み漁った。夕方になって、どの本も一通り見終わると、彼はその中から気に入った5冊を選び、それを深夜まで読み続けた。

トレンド追従型取引の原則、マネー・マネージメント、チャート解析は新米トレーダーにとってかなりグッと共感できるものだった。自分はトレンド追従型のトレーダーになろう。トレンドに乗って利益を出すのだ。

チャートを用いて買いと売りのポイントを選ぶが、この時点では自分のその場の考えというのは入り込む要素はないに違いない。問題なのは、買い手が買いたいと思う株価と売り手が売りたいと思ったときの株価なのだ。

株価が現実そのものだ。個人的な意見には、ほとんど価値はない。

彼には株式市場が、出来高が投票数を示していて、それが価格の方向性に反映されるようなある種の民主主義のように見えてきた。

株価は会社の潜在的な価値に基づいているのではない。株価は全ての投資家のその株式で将来的にどれくらい儲かるかという意見の総合なのである。

恐怖心や欲望が株価を会社の実際の価値以上に押し上げることがあるのだろうか？　これは興味深い問題だ。彼は今まで実際に株価を動かすものが何なのか考えたことがなかったが、こうしてチャートと書籍を読み、物事ははっきりし始めていた。

彼の思考は株式投資のことでぐるぐると回っていた。彼は本を手にしたまま読書椅子に座って眠りに落ちた。翌朝、そのまま目覚めたとき、彼は眼鏡をしたままだった。

彼は自分が積み上げてきた知識に興奮していた。彼は読みかけのところからすぐに読書を再開した。トイレと軽食の時以外は休むことなく一日中読み続けたのだ。

彼は今や使命感に燃えた男だった。

本の中から、彼は読みながら重要そうに思われる教訓を書き取った。

・売上が毎年二桁の伸びがあるような銘柄を取引すること。

・市場全体の動向は、他の何よりも保有銘柄の値動きの方向性を決める。
・注目されている業種ではその中のリーディング・カンパニーだけを取引すること。
・流動性確保のため、一日の取引量が100万株以上の銘柄だけ取引すること。
・過去最高値に近く、かつチャート上で強力な支持線がある銘柄はまさに狙い目だ。
・需要の大きい新製品を投入している会社は、その分、収支報告に重きをおくこと。
・流動性の低いペニー株は避けて、主要な市場で取引されている銘柄を取引すること。
・2％から最高でも8％のあらかじめ決めた金額で損切りをすること。
・底値で買おうとしないこと。下落している株を買いに入らないこと。
・政府の経済政策に逆行するような方向に賭けないこと。

このうち幾つかは、金持ちトレーダーから聞いたことがあったが、書籍からはそれまで考えたことがなかったような詳細な情報についても得ることができた。

彼はまた素晴らしい本を読んだことで、投資家心理について半分以上、理解が進んでいた。今や彼は取引には正しいものの考え方が重要なことがよくわかっていた。彼はさらに次のような教訓も書き記した。

・成功するまで投資を続けると決心しなければならない。さもなければ、十分長く続ければ成功したかもしれない投資を途中で投げ出すことになる。

・投資で勝つためには、勝者のように考え行動しなければならない。泣き言をいう人間は成功するトレーダーではない。

・取引システムの成功を決定付けるのは、トレーダーが100%それにしたがって取引できるかどうかの能力にかかっている。

・よく聴き、よく学び、しかし同時に情報源は確認し、教えられたことが本当にうまくいくのか確かめること。

・自分の取引システムについて精査することなく、実際の資金で取引を始めてはいけない。

・取引プランを紙に書くことなく取引してはいけない。

・破滅を招くリスクをできるかぎりゼロに近づけ、かつ十分な利益が出るように、リスクをコントロールしなくてはならない。

・取引システムは過去データによる検証かあるいはバーチャル取引で、数か月で上昇カーブを描いているようなものでなければならない。
・取引に関して相談できるような、信頼できるパートナーを持つこと。
・取引日誌をできるかぎり詳しく――どんな気分で取引したか、何を考えていたかなど――書き記すこと。できれば売り買いのポイントを示したチャートも含めておくこと。

新米トレーダーは自分が実際に取引して経験したことと、本に書かれている投資家心理が多くの点で類似していることに驚いた。

多くのレッスンは金持ちトレーダーが言っていたことを裏付けるものでもあった。彼は成功するまで投資を続けるんだとやり抜く決心を新たに、夜が更けるまで読書を続けたのだった。

「努力すればするほど、諦めるのもまた難しくなる」――ヴィンス・ロンバルディ

◉この章のための推薦図書

Trading for a Living, by Alexander Elder

「投資苑 ― 心理・戦略・資金管理」（アレキサンダー・エルダー／パンローリング）

12

新米トレーダーは損をするたびに投資手法をころころ変える。金持ちトレーダーはたとえ一時的に負けていても勝てる戦略をとり続ける。

月曜日の朝だったが、新米トレーダーはこの時間は先生と一緒に過ごしたほうが有益だろうと考えた。

これは取引についての勉強の一環だ。彼は次のような様々な情報源から、どんな大切なことを学んだかを思い描いた。

①先生。彼は株式投資で成功している。

②書籍。成功した投資家の抱く原理原則を学べる。

③チャート。繰り返し現れるパターンについて研究できる。

④アイデアや取引内容について情報を共有できる信頼できる友人。

⑤取引日誌。自分自身について、また取引システムについて教えてくれる。

これが成功への彼の鍵だ。彼は学ぼうという意欲に満ちており、もう失敗を繰り返すまいと考えていた。

金持ちトレーダーの家のドアをノックすると、いつもと負けじ劣らじの速さで金持ちトレーダーが現れた。新米トレーダーには、彼が株価ストリーマーやＣＮＢＣにへばりついていないことが未だによく理解できなかった。

中に入って落ち着くとすぐ、新米トレーダーは口を滑らした。「まだ取引してますよね？　まさか引退したとか？」

「取引は続けているよ。ただ、私のアプローチはそれほどアグレッシブではないのでね」と金持ちトレーダーは答えた。

「それはどういうことですか？」

「私は現在、株価指数を用いたトレンド追従型のシステムを使っているんだ。その取引システムでは、シグナルが出た場合に日々の取引時間の最後で調整すればいいだけになっているんだ」

「僕は、成功しているトレーダーは皆、パソコンのディスプレイに一日中へばりついて、ニュースを全て見逃さず、ストレスを跳ね返し、汗をかきながら必死に売り買いをしているとばかり考えていました」

「私の個人的なシステムが今そうだというだけだよ。このシステムが性に合っているんでね。もちろん、デイトレーダーやスウィングトレーダーのように一日中、活発に取引して、それで儲けているトレーダーもいるんだ。私の個人的意見だが、トレンド追従型の手法は最も効果的だと判断している。それにトレンドは数か月続くこともあるんだ。とは言え、正しいルール、というか当たっているルールに則っていれば、誰もが様々な方法で儲けることができるんだよ。**規律のあるトレーダーは、どんなシステムでも確率的に有利であれば儲けることができる。しかし、規律のないトレーダーは、どのようなシステムでも負けてしまう。なぜなら彼らはシステムに従わないからだ。**彼らはシグナルに従うのではなく、シグナルを自分で判定しようとしてしまう。価格や出来高が語りかけてくるものに従わず、相場を予想しようとしてしまうのだ。一番悲しむべきことは、そうした人々は何度か小さな損失を出すと、それですぐにそのシステムを諦めてしまう。次の何回かの取引が実は大きな利益を生み、それまでの損失をカバーできるかも知れないのにだ。私の使っているシステムの良いところは、それが非常にシンプルで、トレンドを捕まえたらほとんど調整する必要がないまま、大きな利益を生むということだ」

「では、トレンド追従型を推奨するんですか？」

「あくまで私の勧めるのは、以前議論したような原理原則に従うということさ。そこから自分に合った取引スタイルで取引をするんだ。どうやったら気分よく取引ができる？　パソコンの前に一日中座って、少ない値動きを大口取引で利益を上げたいかい？　それとも、ただトレンドに従って、移動平均線などのテクニカル指標をサインにして指数の取引をしたいかい？　ボリンジャーバンドはどうだ？　チャート上でローワーバンドに達したら買い、アッパーバンドに達したら売るか、もしくは空売りするというのは？　成長株投資というのも手だ。収支報告に期待がもてるような注目株を、チャートを使って売り買いのポイントを見極めて投資する方法だ。他のどんな仕事とも同じさ。信じて夢中になれることなら成功できるんだ」

「私は一番儲かることをしたいだけなんです……」

「これで利益が上がるのだと信用を持っているシステムに、規律を保つ姿勢で長期に渡って従うのが、最も儲かる方法だよ」

「うーん、意味がわかりません。私が実際に従う取引システムが、それが最も儲かるシステムだと言うんですか？　一番収益性の高いシステムに私が従わないということもありえるじゃないですか？」

「一部の人々はごく自然な安値拾いの投資家で、彼らにとってある株価や指数が史上最高値の時に買いに入るのは、明らかに性向に反する。多分、移動平均線の支持線まで反落するか、もしくはボリンジャーバンドのローワーバンドまで反落するのを待つだろう。そうした人々も、ウォッチリストに入れた銘柄の上昇トレンド中に調整局面を捕まえて買いを入れ、利益を上げることはできるだろう。逆に非常にアグレッシブな投資家がいて、彼にとっては価格の上抜けの時点で、その株がテクニカル的に非常に強く、買い手がかなり強気だということを意味しており、買いに入るほうが適当だと思うかもしれない。この投資家はいずれ一度上がり始めたらどこまでも落ちないようなバケモノ株を買うことになって大成功するかもしれない。どちらのスタンスも長期的には成功するだろう。なぜならどちらも首尾一貫したシステムを用いているからだ。しかし、アグレッシブなトレーダーがいつまでも起きないかもしれない反落を待っていたらバカだろうし、安値買いの投資家が史上最高値で買うなんて、その後の数日間、株価がどう動こうが気分が悪いだろう。つまり、彼らはどちらも自分の取引について快適に感じる状態ではないので、それが転じて長期的には不成功へとつながるのだ。アグレッシブなトレーダーは痺れを切らして、すでに十分に上昇してしまった株をまさに反落のタイミングで買ってしまうかもしれない。安値拾いを狙っていたトレーダーは、値動きにほんの少し弱いサインが出ただけでパニックに陥り、高すぎたとばかりにまさに上昇を始める手前で売ってしまうかもしれない」

「どうしたら投資で成功できるのかまとめていただけませんか？」

「ふむ……」金持ちトレーダーは口ごもった。これまで相場で彼を成功に導いたものが何だったのか、ゆっくりと思い出していた。

「そうだな……
①非常に興味があって、それが当たっていると思える取引スタイルを見つけること。
②そのスタイルについてできるかぎり全てを学ぶこと。
③過去データ上で利益が上がるシステムを作り上げること。
④そのシステムで取引する候補となる銘柄、もしくはファンドを探し、ウォッチリストを作り上げること。
⑤数か月間に渡って、異なる市況の中でそれをシミュレーションで試験し、現状でもそれがうまくはたらくか確かめること。
⑥利益があがると納得したら、非常に少ないポジション、手数料を払ってかろうじてプラスになるくらいのポジションでそれを始めること。
⑦自分のシステムに絡む動きを理解したら、ゆっくりとポジションサイズを増やして

いくこと。
⑧ 成功した投資家の著作を読んで学び、成長し続けること。
⑨ 経験豊富なトレーダーとのつながりを絶やさず、トレーダーとして成長すること。
⑩ 自分の取引手法を他のトレーダーと議論し、正しい方向性を維持すること」

これらは金持ちトレーダーの単なる意見ではなく、実際、これらのおかげで彼はミリオネアになれたのだ。彼の特質の多くは、これまで彼が調べてそこから学んだ伝説的投資家たちと共有されているものだった。

金持ちトレーダーは続けた。

「新米トレーダーの君は研修医のインターンみたいなもので、あらゆるフィールドからどの薬が効くかサンプル採取を重ねなければならない。デイトレード、スウィングトレード、ポジショントレード、成長株投資、トレンド追従型とすべてこなしてみるべきだろう。動きが早い株と遅い株とでそれぞれウォッチリストを作り上げなければならない。それには大型株、小型株、インデックス投信、レバレッジ投信も含めて選ぶべきだろう。興味があることは追求し、バーチャルか、もしくは小さなポジションで実験をしなければならない。取引するときの自分の感情に耳を傾けるんだ。かかるストレスによっては、値動きが激しい銘柄は君が取引するにはあまりに変動が大きいと気づくかも知れない。退屈だとするなら、君のシステムは費やす時間に対して十分なリターンを得られていないということなのかも知れない。取引に対する自信のなさは、過去データからのパフォーマンスが信頼するには不十分だということを表しているのかも知れない」

「と言うことは、僕は単に儲かるシステムを探しているというわけではない……？」

「リスクとリターンに対する君の許容力とシステムが合っていなければ、そしてそのパフォーマンスに君が信頼を与えることができないのなら、成功する可能性というのはかなり低いだろうね。

君のシステムが成功するかどうかはこれらの指標で図ることができる」

金持ちトレーダーは白い紙を一枚取り出して新米トレーダーに説明した。

① 勝率：勝った取引を総取引数で割る。

② 損益レシオ：利益の平均額を損失の平均額で割る。

③ 一番勝ったときの利益額

④ 一番損したときの損失額

⑤ 勝った取引の平均利益額
⑥ 負けた取引の平均損失額
⑦ 最も大きい損失を出したときの萎縮率：続けざまに出した損失が一番大きかったときの金額を取引前の資金額で割った数字。
⑧ 損失を出したときの平均萎縮率：続けざまに損失を出したときに、その金額を取引前の資金額で割り、それを負けた回数で割った数字。
⑨ 負け続けた時の最大の回数
⑩ 勝ち続けたときの最大の回数
⑪ 異なる期間における、それぞれの利益率

「これらを記録することで、自分のシステムに対する信頼を築くことができる。100回取引をしたら、自分の取引が異なる市場の状況でどのようなパフォーマンスを見せるのかパターンが見えてくるだろう。また、もっと良いパフォーマンスを上げるために調整するべきことも見えてくるかも知れない。トレイリング・ストップの価格幅を広げるとか、ある特定の銘柄で効果が大きいとか、などなどね。重要なのは、君が相場がこうだと信じて

いることにマッチしている取引システムを作り上げることができるかどうか、そのシステムにはっきりとわかる優位さがあり、リスクがコントロールできていて、信頼を寄せることができ、長期間にわたって資本を運用できるように頑強に信じて保持できる、そんなシステム作りを継続して取り組むことができるかどうかだ」

「誰もがゲームプランってのを持ってるんだ。ガツンと一発食らうまではな」——マイク・タイソン

◉この章のための推薦図書
How to Make Money in Stocks, by William O'Neil
「オニールの成長株発掘法」（ウィリアム・オニール／パンローリング）

13 新米トレーダーはその場の考えで注文を入れる。金持ちトレーダーは確率に基づいて注文を入れる。

新米トレーダーは興奮でそわそわと落ち着きがなかった。金持ちトレーダーが彼を夕食に招待してくれたのだ。

招待されたのは初めてのことで、新米トレーダーは先生と近づきになれてきたような気がして嬉しかった。

彼はこの年上の先生を非常に尊敬していたので、二人の間に友情が育まれてきたというのは彼にとっては意義深いものだった。

今日はノートを取るまい、と彼は心に決めた。マナーに反するからだが、同時に、言われたことをすべて覚えていられたらいいなと彼は思った。

ノートに関して言えば、彼は自分のノートが3つのカテゴリーに分けられることに気づいていた。方法論、リスク・マネージメント、それから投資家心理だ。この3つの領域のどれか一つでも失敗したら、投資の失敗につながるのである。

たとえ彼の取引手法が大幅な勝率を抱えていたとしても、リスクをコントロールできなければ、一度の大損害か、もしくは何度も連続して損失を出すことで最終的には資金を失うハメになるだろう。

また一方で、たとえ彼が毎度毎度、損切りをプロフェッショナルに徹してできたとしても、歴史的に成功しているか、もしくは現在の市況に合った利益の上がる取引手法を持たなければ、やはり長期的には成功することはできないだろう。

もし、彼の取引システムが市場に対して大幅に優勢な勝率を持っていなければ、損失を繰り返すことになり、手数料と合わさって、少しずつ資産を蝕み、効果的に取引するにはあまりに小額になるほど口座残高を削ってしまうだろう。

彼はまた、たとえ勝てる手法とリスク・コントロールができたとしても、思考を真っ直ぐに保たなければいけないことを理解し始めていた。

あまりに何度も連続で勝ってしまうと、エゴが入り込み、まさに負けるタイミングであまりに大きなポジションで取引してしまいがちになる。正しい手法とリスク・コントロールをしていてさえ、その一度の取引で積み上げた利益の大部分を手放してしまうことになりかねない。

また別の避けるべき罠は、何度か続けて負けることでシグナルに従うのを恐れてしまい、一番儲かるはずの取引シグナルが出た時にそれを見逃してしまうことだ。

さらに悪いのは、市況の変化によっては何度か続けて負けるのは当然、起こりえることだが、それによって自分のシステムと手法に疑念を抱いてしまい、放棄してしまうということだろう。

彼は取引を始める前に、心身ともに明晰な状態で取引プランを作らなければならないし、この取引プランは長期的に彼を優位に立たせるようなものでなくてはならない。

勝つ可能性が彼にとって優勢でなければならない。

株式投資は、彼が思っていたよりも難しいことが判明しつつあった。投資はただ上昇する株式を買うというだけではないことに彼は気づいた。**株式投資は簡単には儲からない。利益は勉学、規律、勇気、忍耐とやりぬく意思を通じてのみ得られるのだ。**

これは彼が実際に投資に手を出し、過去の投資家の本を読んで、はっきりと明確に学んだことだった。彼はまたシステムをバーチャルでテストし、チャートをひっきりなしに研究していた。

彼は金持ちトレーダーのお気に入りのレストランの一つにその晩、やってきた。金持ちトレーダーは店の隅にあるボックス席に座っていて、すでにワインが注文されており、見たことのない種類のパンが並んでいた。おしゃれなハーブ入りオリーブオイルがテーブルの真ん中にセットされていた。

「さあさあ、座りたまえ。好きなものを注文しなさい。今日はおごりだよ」

実に気前がいい。新米トレーダーは注意深くメニューを眺めた。金持ちトレーダーのお金だからといって、あまり欲張りたくなかったが、ステーキが欲しくてたまらなかった。

ウェイターがやってくると、最初にオーダーをしたのは新米トレーダーだった。

「ニューヨーク・ストリップ・ステーキを」

「焼き加減はいかがいたしますか?」

高級レストランより、ファスト・フードに慣れてしまっていて、新米トレーダーは、一瞬言葉に詰まった。

「ウェル・ダンで」

「私はポーターハウス・ステーキを。ミディアム・レアで」金持ちトレーダーが注文した。

ウェイターが行ってしまうと、居心地が悪そうにしている新米トレーダーに金持ちトレーダーは言った。

「なんだか落ち着きがないね」

「すみません、幾らかかるのかと気になって仕方なくて」

「私が幾ら払わなければいけないのか気にしているのかい？ こんな時はお金のことを考えてはいけないよ。ここでの支払いのために何時間働かなければならないかとか、多分、そんなことを計算しているんじゃないのかい」

「そうなんです。お金を使うのが嫌いで。いつもお金を貯めようとばかり考えているんです。使うんじゃなくて」

「賢くお金を使わなくちゃいけないというのには賛成するがね。それに、質素倹約は取引の元手を得るためには一番いい方法だ。しかし、私は儲けたお金を楽しんで、自分で重要だと思うことに費やすのも同じように大切だと思っているよ。新車や新型のパソコンには個人的に全く興味はないんだが、自宅の内装だったり、友人と食事するためにお金を使うのは大好きなんだ。お金を使うときは、そのお金に見合った価値を得ているのかどうか、自分の胸に聞いてみなければならない。もし、その価値があるのなら、リラックスして楽しまなければ。もし、そうでないなら、そのような方法でお金を使ってはいけない。しかし、ともあれリラックスしなさい。今日は使う価値があるんだから」そう言って金持ちトレーダーは微笑んだ。

「取引していて、実際にお金を失うとひどく心が痛いんです」

「以前話したことがあると思うが、投資を始めたばかりの頃は、損失は授業料だと思って、そう信じて受け止めなければならない。大学や専門学校に授業料を払うのと同じことだよ。自分が選んだ分野の教育とか訓練を受けるために、お金を払うだろう？　君がトレーダーとして進歩して自分のシステムを運用し始めたら、損失は単にビジネスをする上でのコストだ。他の利益を出す取引のために支払われた費用だよ」

「取引で負けると、まるで敗者のように感じるんです。自分がやっていることをわかっていない人間のような」

「もし、自分の取引プランに最初から最後まで100％従っているのなら、それは成功した取引だ。間違いを犯しても、そこからレッスンを得られれば、投資能力を上げるための授業料として支払う価値はあったことになる。バーチャル取引やシミュレーターで損失を出すよりは、実際にお金を失った過ちは記憶に残りやすいし、よほど次の機会に向けての修正になる」

「では、実際に取引で損をしたときのストレスと向き合う一番良い方法は何ですか？　勝つのは大好きですが、負けるとやっぱりとても嫌な気分になるんです」

「ドルをポイントか何かの数字として見なしたらどうだろう。プロは取引している間、利益や損失をいちいち数えたりしない。医者は外科手術中に幾ら稼げるかとか考えないだろう。『お、切開したぞ、これで400ドル。胆石を取った。これで800ドルだ』とかね。あらゆる分野でプロはそんな考え方をしない。彼らは適切な技術を振るうことにまず集中し、利益はあとでついてくる。含み益を手に入るものだと胸算用してはいけない。それがなくなったら痛いだろう。その代わり、あくまでシステムに従うこと、シグナルに従って売買することに集中するべきだ。そのあとで利益はついてくるのだから」

「僕の取引システムで、成功するチャンスをどうやったら高められますか？」

「そうだな……。君の取引システムの可能性を高める、最優先すべき5つの点を挙げよう。

① まず、市場のトレンドに沿った取引をすること。上昇トレンドの中では買いで、下落トレンドの中では売りでいったほうが、勝つ確率はかなり上がる。トレンドを見極める一番良い方法は、S&P500指数かナスダック総合指数のチャートを見て、10日移動平均線が20日移動平均線の上を行っていれば、上昇トレンドということで買いで参入するべきだろう。10日移動平均線が20日移動平均線の下にあるなら、下落トレンド中ということ

になる。市場が上昇トレンドになるなら、自分のシステムに従ってあらかじめ決めておいたパラメーターに沿って買いを入れるということになる。**しかし、市場全体が下落基調にある時に買いを入れても、勝つ可能性は劇的に減ることになる。魚雷が船に命中すれば、船の一部ではなく、船全体が沈むことになるのだから**」

「つまり、上下どちらであれ市場全体に同調して取引をすると?」

「それがステップ1だ。

② 株式もしくは指数をチャート上のスイートスポットで買うこと。この部分は出来高が大きく、売り買いが交差する地点で値固めが起きやすい。これには最高値を突破する水準も含まれる。ホルダーの誰もが利益を得ていて売り意欲がほとんどないような水準だ。この価格の突破は10日、20日、50日移動平均線を突破したときのように長期的な抵抗線になりうる。反対に、20日、50日移動平均線を下回ったら、それは売りに入るポイントである可能性が高く、それは下落トレンドで価格を支えるための買い手がほとんどいないことを示している。スイートスポットは上昇トレンド中の支持線にもある。例えば、ボリンジャーバンドのローワーバンドの底で2か月ほど維持しているといった状況もありえる。支持線は10日、20日移動平均線のようなラインにあるかもしれないし、具体的な価格がそ

うなるかもしれない。それは実際のチャートとパターンの繰り返しから、そうした水準を見出す君の能力にかかっている。チャートを研究して見出したそうした価格で買うことが重要なんだ。**ためらってはいけない。シグナルが出たら買うんだ。下手に待って上昇したという事実の後追いになってはいけない。**もし、待ってしまって買うのが遅すぎたり、もしくは早すぎたりしたら、成功の可能性は低くなる」

「わかりました。シグナルを受けとめ、恐怖心を克服し、尻込みせずに、欲張って買いを急ぎすぎない、ですね」新米トレーダーはそう言った。金持ちトレーダーが繰り返し同じ教訓を話してくれているような気がした。

金持ちトレーダーは続けた。

「③　自分のその場の考えや感情に基づいて取引してはいけない。ただ、自分のシステムを取引するだけなんだ。システムはソフトウェアを使って検証するか、過去のチャートをなめ回すように見て、勝率と、リスクと利益の比率である損益レシオの良さを確認できるまで取引してはいけない。十分に正確性のある検証試験と言うには、少なくとも50から100回の過去データでのバーチャル取引が必要になるだろう。さらに、紙に書いてバーチャル取引するかシミュレーターを用いて取引をしてみて、現在の市況でどのようなパフォーマンスになるのか、自分が運用してみてどういった状況が現れるか試験する必要がある。**株式市場では、その場の考えや感情は大多数のケースでハズすが、現状のトレンドは大多数のケースで当たっている。**証明できたシステムに規律を守って従えば、長期的に成功する可能性はかなり高くなるだろう。

④　特定の株式銘柄と自分の選んだ手法の両方に精通することで、君はかなり優位に立てる。もし、デイトレーダーになりたいのなら、毎日、株価が一時間ごとにどのような値動きをしているのか、どの時間帯に一番出来高が多いのか、どの時間帯に方向性が出やすいのかを理解していなければならない。取引はそうした観察の元に行われるのだから。取引開始直後は、値動きが荒いのでただ座って待っているようなこともあるだろう。君のシステムはごく単純に午後2時以降の値動きでウォッチリストの銘柄の買いを入れるというようなものになるかもしれないし、10時30分以降で支持線での株価反発があった銘柄を買うといったものかもしれない。主要指標が緑色に光っているうちは株を買い、赤く光ったら売るというものかもしれない。売買の方向性は1週間単位で10日移動平均線の上にあるかどうかで決めるというシステムかもしれない。

専門的なデイトレーダーは、自分の取引システムに合った値動きをする銘柄を集めたウォッチリストを作り上げるだろう。日中の値動きでのトレンドや株価の突破を元に取引するなら、日々の平均的値動きレンジが大きなボラティリティの高い銘柄が必要になる。こうした特質に基づいた銘柄のウォッチリストを作り上げ、それらの銘柄のトレンド、平均的出来高、一日の値動き幅などに精通しなければならない。もちろん、収支報告の時期は正確に知らなければならないし、値動きに影響を与えかねないことをすべて知っておかなければならない。ウォッチリストは今取引している銘柄より見込みがあるものが見つかれば、更新しておく必要がある。何千とは言わなくても何百時間もあることを調べた人間は、ただかりそめの興味関心しか持たなかった人間にほぼ必ず勝つものだ。これが自分が何をしているのか知っている人間の持つ大きなアドバンテージというわけだ。**株式市場では、金は取引の仕方を知らない人間から、知っている人間へと流れるのだ。**

⑤ 出来高の動きを見極めて取引すること。スマートマネーと言われる情報通の投資資金は市場の動きがどこにあるのか、どこに利益があるのか知っている。それを見つけるんだ。モンスター株は岩の下に隠されているわけじゃない。200%とか500%とか上がる銘柄もごくありふれたものだったりすることはよくあることだ。ある会社にかなり強気な収支報告が予想されている時、トレーダーや他の投資家もそのことは知っている。価格

は出来高とともに上がっていくだろう。主要なウェブサイトや新聞に載っている出来高ランキングに入ってくるだろう。面白いことに、過去、多くのトレーダー志望の人間が、そうしたアツい銘柄を探そうと、普通に取引されている上場会社の作った栄養ドリンクを飲みながら、あるいはｉＰｏｄと呼ばれるある会社の新商品で音楽を聴きながら――それはここ何十年かでもっとも巨大なモンスター株になったのだが、そうした銘柄に気づかず、ペニー株やそれに近いような小型株を探しまわっていたのだ。デイトレーダーらは、デイトレードにパーフェクトな銘柄の出来高を増やす。オプショントレーダーはオプション取引に適した動きを持つ株式銘柄についてオプションの売りを増加させる。そうやって、儲かるポテンシャルが大きな銘柄やＥＴＦに大量の出来高が発生するのだ。掲示板に書かれたいい加減な情報や、ペニー株が上がるといったメールマガジンの甘言に惑わされてはならない。それらの情報の多くは、すでにその銘柄を持っている者が情報源で、他の人々に買わせ、そのタイミングで売りたいがために流しているのだ。出来高が多い、交通量が多い道路の交差点に普段から立つべきだ。そうすれば売り買いのスプレッドが小さく、売買だけで損したりしないし、売りたい時に常に買い手がいてくれる」

「それでは、まとめると、成功する可能性を高めるためには、僕は以下のようにするべきなのですね。

①市場全体のトレンドと同じ方向の取引だけをすること。
②自分の考えや感覚ではなく、自分の取引システムにすべての取引の決断をさせること。
③チャート上のスイートスポットでのみ買いを入れること。
④自分の取引手法と、ウォッチリスト上の銘柄のエキスパートになること。
⑤流動性のある銘柄、もしくは市場で取引をすること」

新米トレーダーはナプキンに書いたメモから目を上げて金持ちトレーダーを見た。「で、いいですよね?」

「それが、勝つ方法だよ」金持ちトレーダーは答えた。ちょうど、注文した料理が来たところだった。

「こうすれば、勝つ確率が上がる、と」新米トレーダーはつぶやいた。

「あ、ナプキンをもう一枚もらえますか?」

「もちろんです」とウェイターは愛想良く答えた。

「この5つのダイナミクスが同時にはたらくようにできれば、君は長期にわたって継続的に利益を出せる10％のトレーダーの一人になることができるだろう」

ウェイターが新しいナプキンを持ってきて、新米トレーダーはメモで一杯になった最初のナプキンをポケットにしまい込んだ。やっぱりノートを持ってくればよかった……。

「そうです、僕がなりたいのはそれです。だから、今、言ったことを実行すればいいんですね」


「株式市場とラスベガスでは、真の確率に基づくプレイと、対戦相手がその確率を軽視することで生まれるその差異で金を儲ける」——ハーヴェイ・フリーデンタッグ

◉この章のための推薦図書
High Probability Trading, by Marcel Link
「高勝率トレード学のススメ」（マーセル・リンク／パンローリング）

14

新米トレーダーは正確に予言しようとする。金持ちトレーダーは市場が語りかけてくることに従う。

「では、今日の株式市場はどうなると思いますか？」

「さっぱりわからないな」

「どの銘柄が良いと思いますか？」

「株価が上がる銘柄だね」

「買いですか売りですか？」

「私のシステムでは買いだ」

「このトレンドはまだ続くとお考えですか？」

「わからない」

金持ちトレーダーはほとんど歯軋りするところだった。

「今朝発表される雇用統計の数値ですが、良くなるか悪くなるかどちらだと思いますか？」新米トレーダーは何か先生から意見を引き出そうと、もう一度尋ねた。

「知らないな。それどころか、良い数値だったとしてもそれで上昇トレンドが続くことになるのか、あるいは材料出尽くしでトレーダーたちが売ることになるのかさえわからない。私は予想はしない。意見も持たない。だから本当に知らないよ。私が知っているのは、トレンドに従えば私は儲かるということで、私のシステムはトレンドの中で利益を捉えて、それが反転すればポジションがなくなるということだ」

「僕は未だに、値動きを予想しないトレーダーがどうやってお金を儲けるのか、うまいこと自分で説明できないんです。株価がどうなるのかを予想するのが唯一儲かる方法ではないんですか？」

「まず最初に言わなければならないが、それは不可能だよ。未来はまだ起きていないわけで、それをどうやって予想するんだい？　投資では方向が当たっていればそれで儲けることができる。市場、もしくはある銘柄の方向は、多少例外があるだけで、一般的に大部分では大きな一つのトレンドにある。ある銘柄、もしくは市場は、短期的にはより高い高値と安値を形成するか、あるいはより低い高値と安値を形成するか、極論すればどちらかのプロセスにある。これは、どの期間的な枠組みでもチャートを見ればわかるだろう。これは何かを予想させはしない。単にトレンドを示すだけだ。何かを予想しようとするよりは、単純にトレンドとともに歩むほうが確率的にはより良くなる」

「つまり、あなたは市場を読むだけだ……予想しようとはしない、と？」

「その通りだ。チャートを読み、パターンを見て取引し、トレンドの変化に反応する。最も重要なのは、相場の動きに沿うということだ。相場は私に何をすべきか語ってくれる。ある一人の人間が、相場の参加者すべてが何をしようとしているのか、経済のあらゆる動き、世界政治、経済政策がどう価格に影響するのか予想するなんてことはできない。そんなことはバカげている。ランダムな出来事を投げ入れておいて、それを誰かが正しく予見したとしてもそれは単にラッキーなだけだ。悲しいことに、誰かが事前に大きなイベントを言い当てたとしても、あらゆる人々が様々な予想をしている中では、結局は誰かの予想が正しくなるに決まっているわけで、ほとんどの場合はそうした単にラッキーな予想に過ぎないということだ。その人が過去どれくらい正しかったかなんて、もちろん、誰も記録はしていない。その人物はその後、予想が何度か外れるまでは第一人者のようにもてはやされ、人々は他の誰かが大きく当てると、今度はその人を第一人者ともてはやす」

「わかりました。あなたは株式相場の科学といったものを信じないということですね」新米トレーダーはようやくわかったと言うように笑顔で言った。

「そうだ。しかし、トレーダーが相場の方向に従うことで儲けることができるということは知っている。取引システムを作ることの本質は、トレンドがいつ始まり、いつ終わるのかがわかるシグナルを出させるということだ。トレンドを決めるために使えるシグナルは株価と出来高だけだ。すべてのテクニカル指標は単にこの2つからの派生物でしかない。だから、システムを好きなだけ複雑にすることはできるが、私の経験上では、何百万ドルも儲けている投資家を知っているが、これ以上に複雑なテクニカル指標を使っている人を見たことがない。新しい複雑な指標はコンピューターを活用することで、近年になって発明されたものだ。過去100年に現れた伝説的投資家でこれらの新しい指標について、生前、聞いたことがある人はほとんどいなかったし、それでも彼らは全く問題なかった。私が個人的に使っている道具は、株価、出来高、ローソク足チャート、それから移動平均線だけだ。これは私が個人的に選んだものでしかないので、君は自身自身で儲けるための道具を見つけなければならない。混乱してしまわぬよう、あくまで管理できる範囲内での指標の利用にとどめるべきだろう。普通なら3つか4つで十分多いはずだ」

「では、僕がシステムを作る目的は、トレンドを捉えることと、過去にトレンドの始まり、あるいは終わりにそれと特定できたような一般的な変数を見つけることなんですね？」

「株価と出来高はトレーダーと投資家の行動を露にしてくれる。人間の行動というのはいつの時代も変わらないのだ。それは目に見えるパターンを作る。欲望と恐れが市場では役割を演じ、合理的なファンダメンタルズで説明できる範囲以上にトレンドを動かすのだ。**相場はその投票が運ぶところへと行く。君の仕事は多数派とともに投票することだ**」

「株式市場は常に正しく、自らをもって自分自身を一番うまく語る」――ベントン・デイビス

◉この章のための推薦図書
You Can Still Make It In The Market, by Nicolas Darvas

15 新米トレーダーはトレンドに反した取引をする。金持ちトレーダーはトレンドに従う。

Trend

【名詞】

1．大勢が向いている方向、広く行き渡っている傾向
　　trends in the teaching of foreign languages
　　the trend of events

2．スタイル、流行　the new trend in women's apparel

3．道路、河川、海岸線などの方向

【動詞・自】

4．（出来事や状況などが）ある方向に傾く

5．ある方向を取る傾向がある。ある方向に伸びる

6．河川や山脈などが、ある方向へ変わる、方向転換する

The river trends toward the southeast.

【関連語】

coun·ter·trend〔名詞〕対立する傾向、逆傾向

sub·trend〔名詞〕傍流

【類義語】

tendency（性向・傾向）、stretch（広がり）、run（〔ある傾向に〕向かう、傾く）、incline（傾斜・傾向）

新米トレーダーは「トレンド」の定義を何度も読み返し、本当の意味が何なのかを考えた。

「大勢が向いている方向、広く行き渡っている傾向」というのは彼にはよく理解できた。大多数の投資家が利益を得るために取得し保有しているということか、もしくは彼らが損失を抱えて、さらにそれが拡大するのを恐れて売ろうとしているか、ということだ。

市場も個別銘柄もセクターも、すべてどちらかの方向へ、広く行き渡る傾向がある。チャートを研究する過程で、彼は一定の値幅を動くトレンドよりも、他の様々なトレンド

を多く見つけた。

大多数のチャートでは、株価は短期的な高値かもしくは短期的な安値に向かっているように見える。また、一般的には52週間での高値、もしくは安値に近い水準に位置しており、その真ん中というのは非常に珍しい。

上昇トレンドは、現在の株価が10日移動平均線の上を行っていることでわかり、下落トレンドは50日移動平均線上か、もしくはそれを下回っていることでわかるような気がした。また、市場全体が上昇トレンドにあれば、明らかに他のほとんどの株も上昇トレンドにあった。

市場を牽引するリーダー的な銘柄がある一方で、出遅れている銘柄や、市場がどんなに強い上昇トレンドにあっても個別に下落トレンドに陥っている銘柄もある。

彼が理解し始めたのは、市場を牽引する銘柄は収支報告への期待が一番強く、出遅れている銘柄は市場のシェアを失いつつあり、減収見込みであるということだった。あるいはもっと悪くて彼らのビジネスモデルがすでに通用せず赤字を出しているような状態だということだった。**投資資金は良好な収益予想が育つところへと流れるのだ。**

今や金持ちトレーダーからの日々の投薬が実を結ぶ時だ。彼は金持ちトレーダーが繰り返し話していた「トレンド」について、彼の経験と考えを聞きたくなった。

新米トレーダーと金持ちトレーダーは二人の家のちょうど真ん中にある湖畔で待ち合わせた。

新米トレーダーは日が高く昇ったころに姿を現した。うららかな陽光で皮膚にじんわりと温かさが滲みこんでくる。彼はベンチに座って気持ち良くくつろいでいた。小さい子供たちが近くで湖面に向かって石を投げ、水切りをしている。

金持ちトレーダーはしばらくしてからやってきた。彼らはお互いに笑顔を交わした。二人とも一塊のパンを抱えており、全く同じことを考えていたようだった。

しかし、エサやりというより、むしろパンを守っているような状態だった。アヒルもガチョウも全く臆することなく、実に活発に、ガーガー鳴き叫び、パンをねだって二人をつついた。かなり甘やかされた鳥たちのようだ。

新米トレーダーはひとしきりちぎったパンの欠片をアヒルたちに投げつけると、話を始めた。

「トレンドを判定する最も良い方法はなんでしょうか？」

「出来高の増加を見つけることだな。出来高ランキングに載ってくるとか、あるいは最高値、最安値を更新したものとかだね。理想的には、自分が取引に興味がある銘柄で狭いレンジでここ数か月、値動きしているようなもので、そうだな、例えば95ドルと100ドルの間で動いていたものが、ある日、突然、出来高が普段の倍になって最高値を更新して101ドルになるとか。これがまさにトレンドが生まれたところだ。売り手はもはや100ドルでは売りたくないし、買い手は理由はどうあれ、上がると思って喜んで101ドル払いたいと思っている状態だ。トレンド追従型のトレーダーはなぜ価格が上昇しているかの理由にはこだわらない。トレンドトレーダーはただそういうものだとして取引をするのだ。実際のところ、トレンドトレーダーたちは強気でも弱気でもなく、市場がどちらの方向へ行こうが関係なくて、ただ動いているということが重要なんだ。トレンドトレーダーの取引システムというのは、その銘柄を101ドルで買うのと全く同じように、94ドルで空売りするようなこともあるのだ。単純に株価だけが売買の引きがねになるシステムを用いて、多くのトレンドトレーダーがミリオネアになっている。彼らはトレンドがあるものなら株式も商品先物もどちらも取引して、それで資産を築いている」

金持ちトレーダーは話しながらパン切れを投げていた。アヒルたちは普段にもまして腹ペコの様子だが、何か理由があるのだろうか。

「それで、トレンドを引き起こすものは何です？」

「一つは、需要と供給だ。株に関して言えば、買い手が増えれば株価が上がる。例えば、その会社の商品によって収支報告が良化し、そのファンダメンタルによって儲かると期待する買い手がより増えるといった状況だ。

人間の欲望と恐怖心も、株価をファンダメンタル的な価値を狂ったように大幅に超えて突き動かすことがある。下落トレンドでは、株価が1セント落ちるにつれて恐怖心が増加していく。同時に、株価下落を見て、売りで儲けようと他のトレーダーも参入してくる。買い手は周りを見ても皆、損失を抱えて苦境に陥っており、買おうにも買えず、下落トレンドは損失をエサにしてさらに拡大する」

金持ちトレーダーは一息つくと、パンの欠片をつまんで、縄張りを確保しているような一羽のアヒルに向かって投げた。

「上昇トレンドも燃え盛る火のように拡大することがある。欲望というガソリンが燃えてさらに多くの買い手が飛び込み、株価はロケットのように上昇する。大幅上昇のタイミングで、今度は買い逃す恐怖のために、反落を待っていたトレーダーたちが待つのを諦めて買いに入るのだ。その銘柄を空売りしていたトレーダーは買い戻しに入らねばならず、それがさらに買い圧力となって上昇トレンドに拍車をかける」

アヒルは猛烈な食欲だった。新米トレーダーは金持ちトレーダーの話を聞きながら、普通のアヒルじゃないと思わずにはいられなかった。幼いころはもっと従順だったような気がしたが……。

「**トレンドトレーダーは儲けるためにトレンドの果実を捕まえるだけだ。反トレンドトレーダーは、大きな価格反転が起きる高値か安値を正しく当てなければならないため、確率的に不利が付きまとっている**」

「トレンドトレーダーとしては、高値更新の時に買いに入らないといけないのですか？」

「いいや、そうではない。君のウォッチリストにある銘柄が上昇トレンドにあると確信できる限り、反落したタイミングでも買いを入れることができる。チャートを利用して支持線を探れば反落の幅を予想することができるだろう。例えば、過去2か月で10日移動平均線とか20日移動平均線が支持線になっているかもしれない。もし、過去に価格が20日移動平均線で支えられており、そこから反転して上昇しているのなら、君の取引システムで20日移動平均線で買いを入れるという要素を含むのもあり得るだろう。そうしたら、そこからいつ売るのかを決めなければならない。トレンドの強さによっては、20日移動平均線を再び割るまでは保有することもあるし、ボリンジャーバンドのアッパーバンドに触れたら売るというのもアリだ。それはその銘柄のチャートしだいだ。トレンドしだいでは、株価が10日移動平均線も20日移動平均線も何週間も触れないことがある。移動平均線は次第に上昇することになるので、ストップロス注文が引き出されたときには、移動平均線が購入価格よりも大分上がっていて利益を得ることができるだろう。それから、さっき話したとおり、95ドルと100ドルの間を行ったり来たりするような、ゆっくりした横ばいトレンドの銘柄を取引することもできる。取引システムは支持線の95ドルあたりで買いを入れ、抵抗線である100ドルあたりで売るというものになるだろう。支持線と抵抗線には、移動平均線と同様に価格自体を用いることができる。株価が抵抗線を下回ったらではなく、上離れしたら買うということを確かにしたいわけだが、完璧な例を示すと、例えば価格が95・05ドルをつけ、その後95・50ドルに上がるとすると、それは支持線の上離れだ。94・75ドルをつけ、そこから94・25ドルに落ちたとなると、支持線を下回ったということで、そのどの部分でも買うタイミングではない」

「では、上昇トレンド中では、新高値だけでなく、それ以外でも買いシグナルが出る可能性があるわけですね。思うに、強気相場では買い、弱気相場では売りのシグナルを採用するようにしたらいいかと」

「その通り。損失を一番被りやすいのは、強気相場で売りに入り、弱気相場で買いに入ることだ。可能性は非常に低い状態になる。相場の天井や底を捉えて、そこで相場が反転するのを予想できるなどと考えるのはうぬぼれも甚だしい。トレーダーが一生懸命になるべきなのは、相場の方向性を見極め、それが反転したときにストップロスをどうするか決めるということだけなのだ」

「トレンドトレーダーは何%くらいの確率で勝つのでしょうか?」新米トレーダーはあり得ないほど高い90%を想像しながら、そう尋ねた。

「優れたトレンドトレーダーは40%から50%の確率で勝つ。彼らがそれで成功できるのは、勝つときは大きく、負けるとき小さく負けるからだ。大きな損失を出すとしたら、ある期間、値動きが荒い相場が続いた場合に、何度も続けて負けるような時だ。しかし、長期的には勝ちが積みあがり、資産は驚くほどの大きさになる」

「どうも個人的な経験をお話しされているようですね」新米トレーダーは笑いながら、一向に満足しそうにないアヒルたちに向かって、パンを投げた。

「そうだ。他のトレンドトレーダーと同じく、私も長期にわたってこの方法で利益を得てきた。一番難しいのは、やはり何度も続けて負けたときに、自分の取引システムに信頼を置き続けられるかだろうね。また、資金が大きくなればなるほど難しくなる。10万ドルを取引するのは1万ドルを取引するのとは違う感覚があるのだ」

「その問題に突き当たってみたいものです」と新米トレーダーは笑って言った。

「私は過去のパフォーマンスを元に作りあげた純粋にテクニカルなシステムで取引している。私のその場の意見だとかニュースとは全く関係なく、今、実際にあるトレンドのみに従っている。私はファンダメンタルに従って取引はしない。他のトレーダーや投資家が買うか売るかの反応に従って取引していると言える。従って、トレンドを予測したりしない。トレンドに従うのみだ。出来高、価格、移動平均線でトレンドを読み取るのだ」

「投資はロケット科学みたいですね。——ロケットを見つけて、それに乗る、と」

「株式市場には一方の側があるだけだ。強気側とか弱気側とかではなく、当たっている側かどうかというだけだ。この株式投資ゲームの一般的な原則がしっかり心に刻

み込まれるには、他のどんな技術的な問題よりもよほど時間がかかった」——ジェシー・リバモア

◉この章のための推薦図書
Trend Following, by Michael Covel
「規律とトレンドフォロー売買法」（マイケル・コベル／パンローリング）

16

新米トレーダーは感情に従い、劣勢に立つ。金持ちトレーダーは優勢に立てるシステムに従う。

翌月一杯、新米トレーダーはチャートを研究した。株価とその値動きを追いかけた。彼のウォッチリストには現状では最も注目すべき5つの銘柄が入っていた。それらはすべて5つの特徴を持っていた。

① 株価が最高値から5％以内に位置していた。

② どれも一日500万株以上、ものによってはもっと多く、取引されていた。

③ どの会社も新しいタイプの商品、もしくはビジネスモデルを持っており、それが成功していた。

④ どの会社も四半期ベースで昨対20％を越える（一部はそれ以上の）増収になっていた。

⑤ どの会社も増収増益が見込まれており、市場シェアを席巻するか、市場を変えると考えられていた。

これらは彼の取引プランにおけるファンダメンタル的な面で、これらを元に取引候補の銘柄を彼はウォッチリストに入れていた。

新米トレーダーの選んだ株はすべて上昇トレンドにあり、過去6か月間、その月の高値は前月の高値を越えている状態だった。

どの銘柄も過去6か月間、50日移動平均線を破ったことがなかった。大体は20日移動平均線の上にあり、若干調整したようなときに触れるだけだった。また、80％以上の期間で10日移動平均線の上にあり、過去2回の収支報告が発表されたあたりで新高値をつけていた。

彼はまたボリンジャーバンドを20日移動平均線と、2つの標準偏差でセットしてみた。彼の銘柄はほとんどの期間でボリンジャーバンドのアッパーバンドをこするように動いていた。彼はまた、下落トレンドにある銘柄の多くは、ボリンジャーバンドのローワーバンドを割り込んでおり、10日移動平均線は20日移動平均線の下、20日移動平均線は50日移動平均線の下で、ほとんど彼のウォッチリストに含めるべき銘柄とは正反対であることに気づいた。

▼上昇トレンドの例

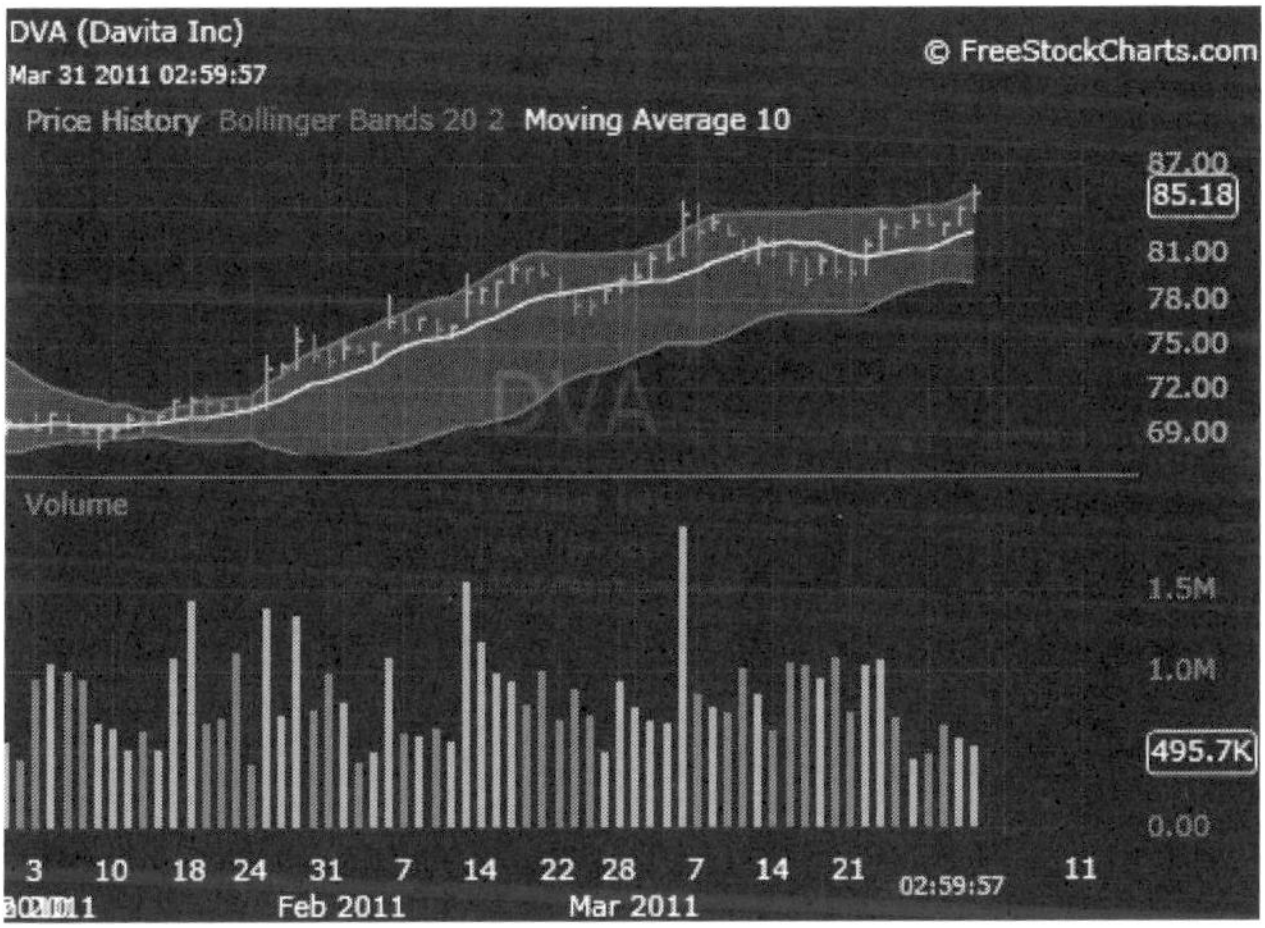

▼下降トレンドに反転した例

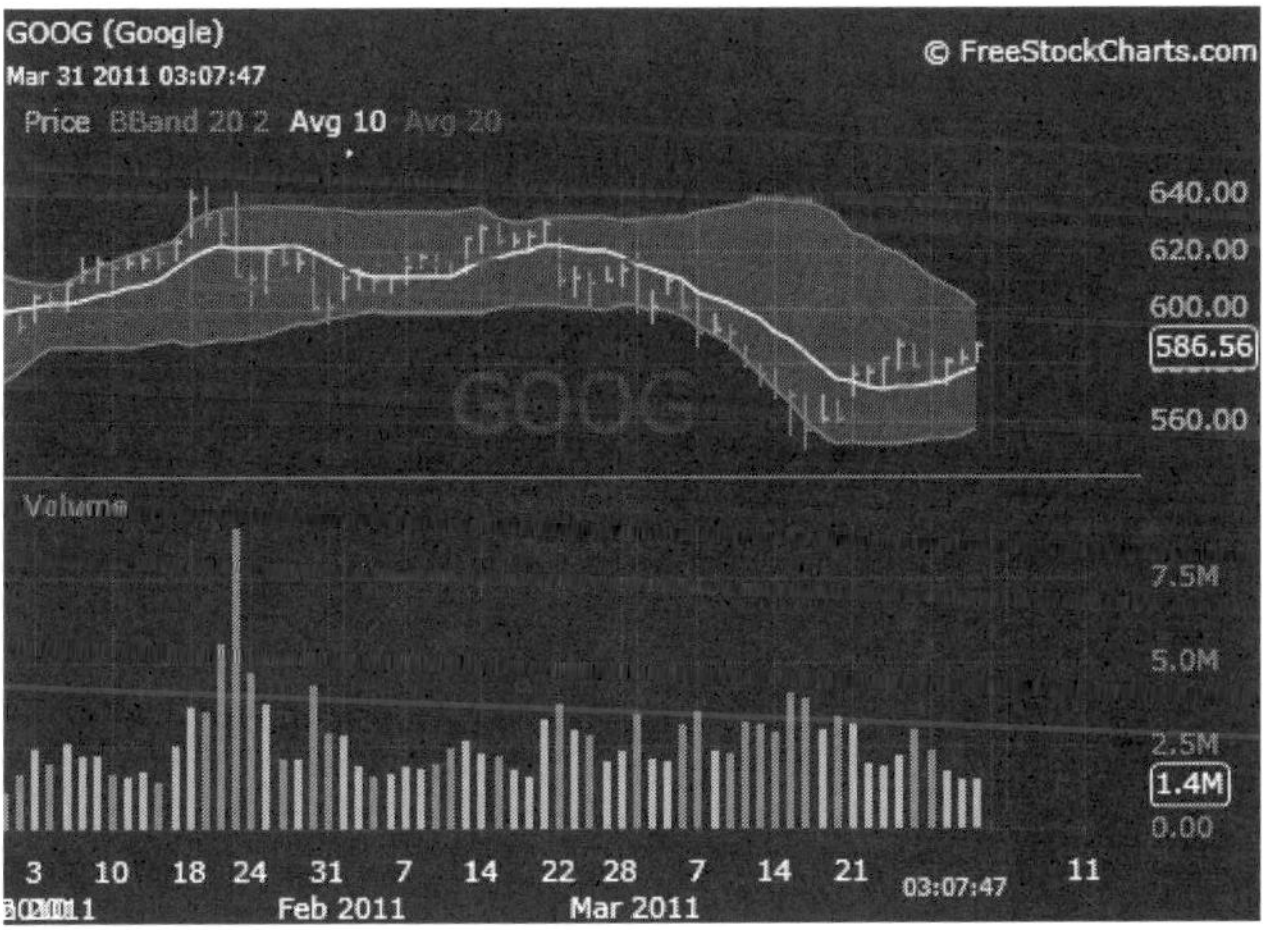

▼値動きの荒い銘柄

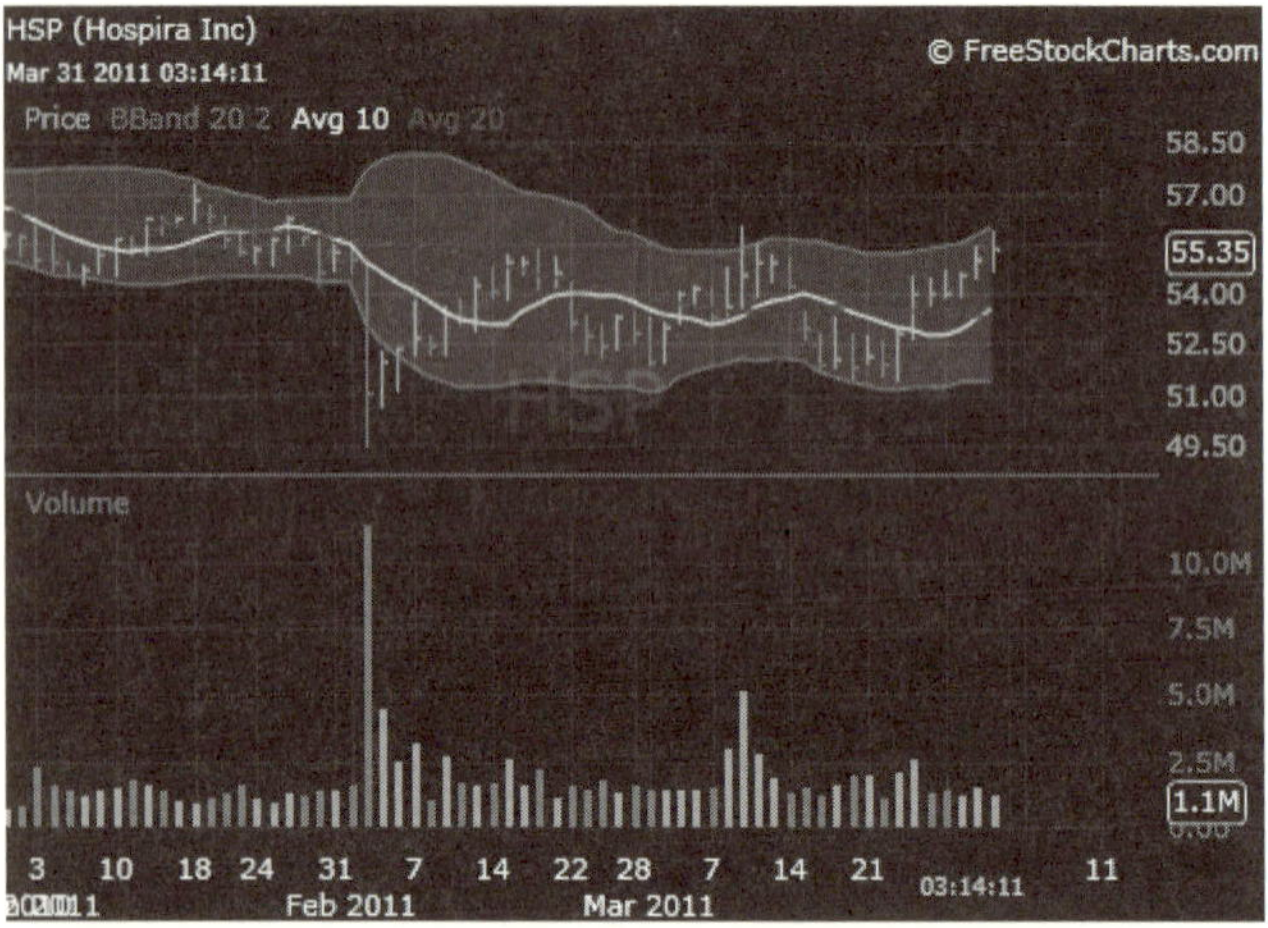

▼理想的上昇トレンド

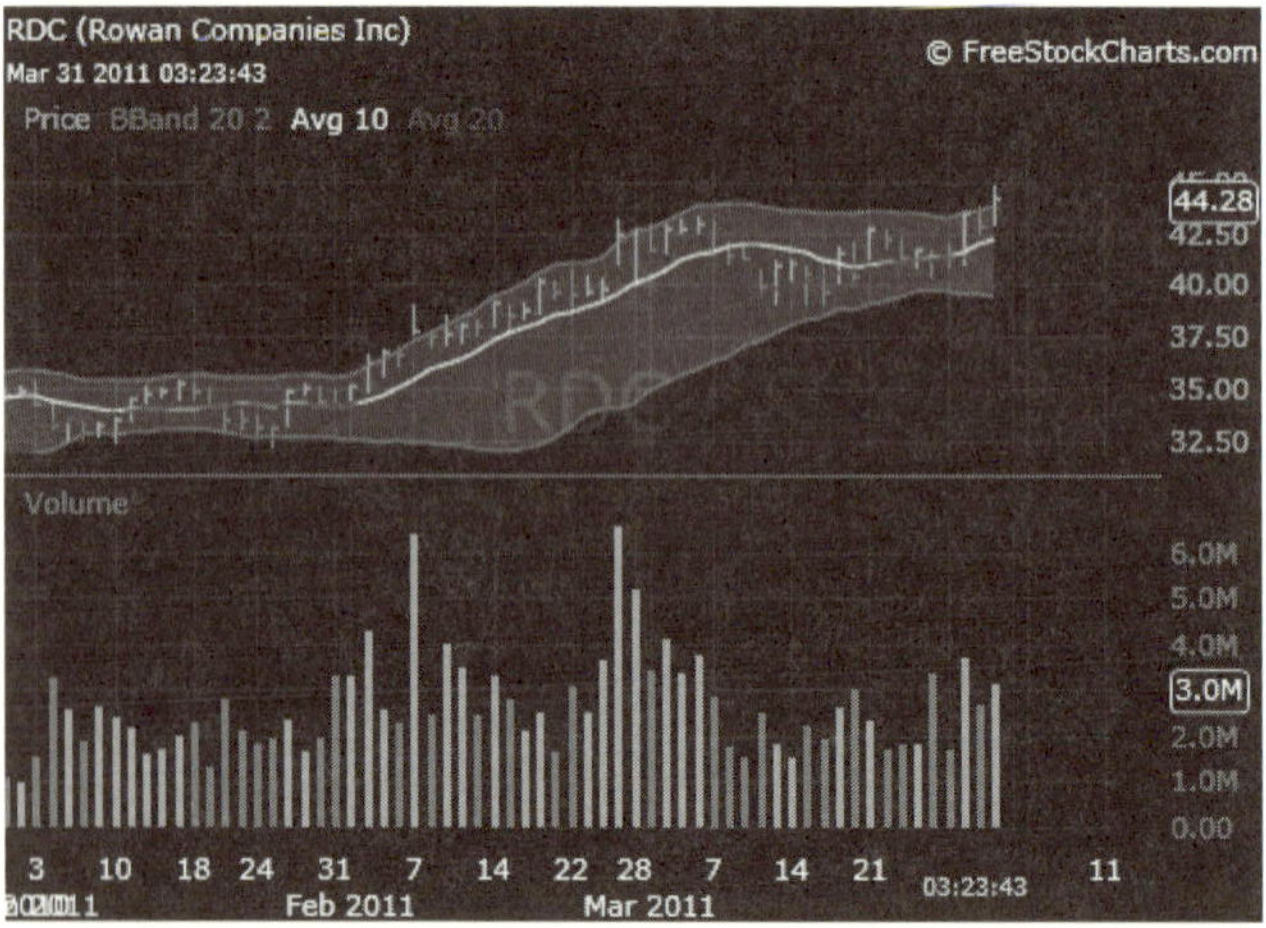

▼強い上昇トレンド

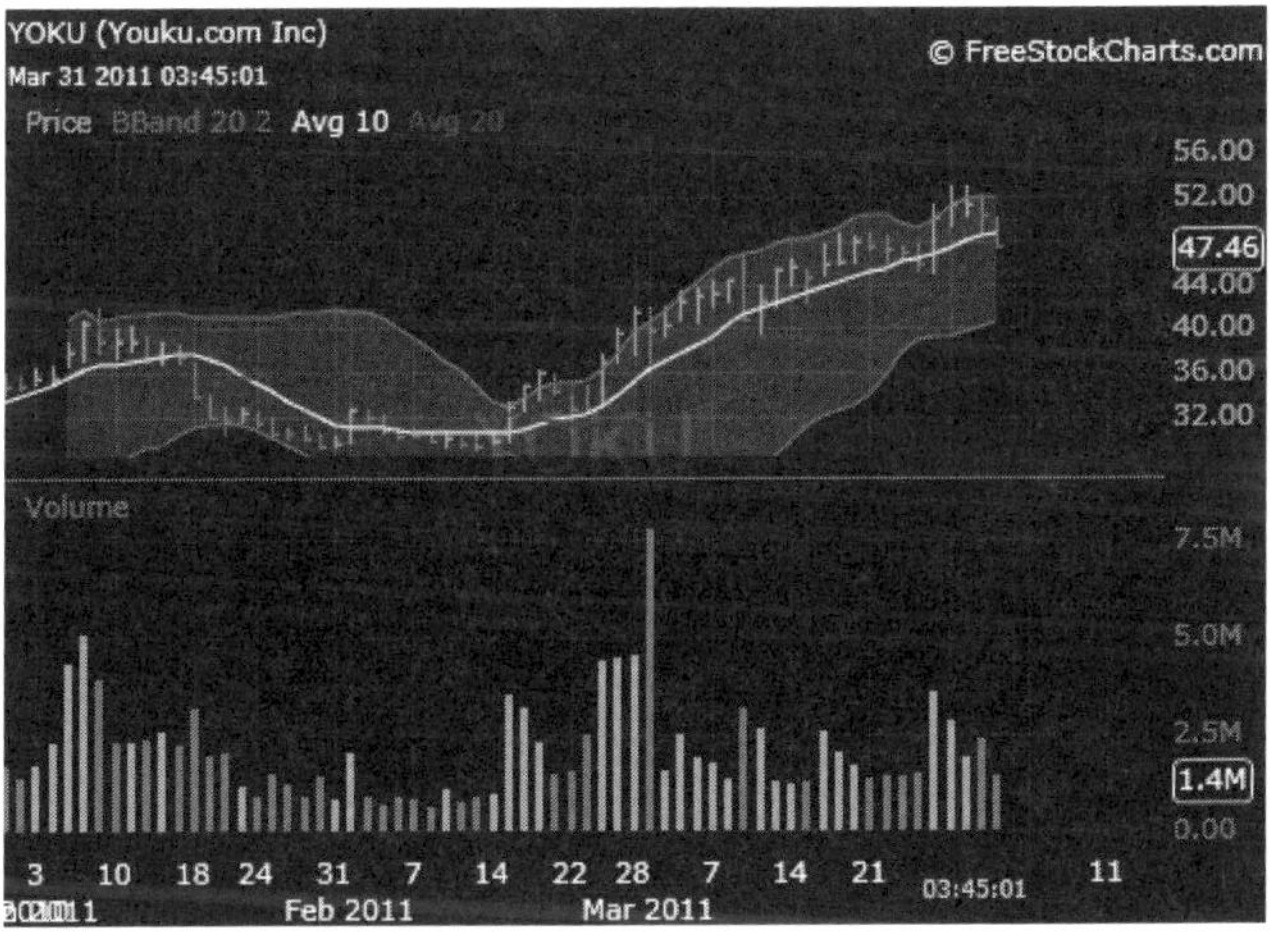

彼は自分のシステムで、強い銘柄の上昇トレンドを捉えたいと考えていた。その意味では、10日移動平均線は上昇トレンドでは強い支持線となり、下降トレンドでは抵抗線になっているようだ。

また、ボリンジャーバンドのアッパーバンドは上昇トレンドで抵抗線に、ローワーバンドは下降トレンドで支持線になっていることも勉強しているうちにわかってきた。もちろん、常にそうと言うわけではないが、ほとんどのケースでそうなっている。

新米トレーダーは、手堅く安定的な上昇トレンドを描いているチャートの銘柄だけを取引したいと思った。一日に激しく値動きするような、ボラティリティが高い銘柄を取引するのは、神経過敏な彼には心臓に悪いと判断した。

トレンド追従型の取引手法においては、ボラティリティは仲の良い友達とは言えない。一時的に支持線を破って、そこで誤ったストップロスが引き出されてしまったり、ちょっとした調整ですぐに株価が元に戻るはずが、トレイリング・ストップ注文の価格を下回ってしまって、思ったよりも早く利食いしてしまうと言うようなことが起きるからだ。値動きの荒い、ボラティリティの高い銘柄では、一日だけ10日移動平均線を破り、翌日はその上に戻るようなことも起こりえるのだ。

新米トレーダーは少なくとも20日間、10日移動平均線以上を維持している銘柄を取引しようと思った。ウォッチリストの銘柄では、10日移動平均線で買い、10日移動平均線を割り、大引け前までに回復しなかったら売るとすると、その機会はたくさんあった。

上昇トレンドにある銘柄では、10日移動平均線を割るまでに20％かそれ以上の上昇を見せているものもあった。

ボリンジャーバンドのアッパーバンドは抵抗線と考えられる一方で、そこで売るのは必ずしも賢い方法とは言えなかった。彼のウォッチリストにある銘柄については、この水準でもみ合った末、さらに上昇してアッパーバンドを上抜けていたからだ。

彼のウォッチリストにある銘柄は、ほとんど10日移動平均線を破らないということで、それにしたがっていけば利益をかなり伸ばすことができそうだった。

彼は正しい方法で、効果的な取引システムを作り上げていることに自信を感じた。彼のテクニカル指標におけるルールは以下の通りだ。

① 新米トレーダーはウォッチリストにある銘柄で、10日移動平均線上を越えて上がるか、もしくはそれを支持線にして浮上する銘柄を買うことにする。

② 買いを入れたら、ストップロス注文を購入価格の2％下に設定する。これにより、取引で彼が資金をリスクにさらすのは2％だけになる。

③ 買い注文が当たっていれば、上昇トレンドに乗り株価が上がっていくことになるが、それが10日移動平均線の2％上に達したら、逆指値注文をその時の10日移動平均線の水準に設定することにする。そこから株価の変動に従って、逆指値注文を修正していく。したがって、10日移動平均線が利益を確保するためのトレイリング・ストップ注文の価格ということになり、そこに株価が達することでトレンドが反転するという彼にとってのシグナルにもなる。

④この取引システムはホームランを狙ったものだ。上昇トレンドが終わるまでは利食いはしない。しかも、支持線を割ったところで撤退することになるので、その後にどれほど大きな下落が起きようとも損失を避けられ、安全性が高い。

⑤1万ドルが入った口座で、彼は一つの取引につき2，500ドルを使うことにする。これにより感情的になる可能性をかなりの部分で排除でき、利益ではなく、取引システムに集中することができるようになる。資産が増えれば取引サイズを上げても良いだろう。これはリスク面でも良い。株式市場では予想外に低調な決算発表だとか、売上の下方修正などの「魚雷」を受けることがあって、価格が急落することもあるからだ。バルーンが高く浮き続けるには大量のヘリウム供給が必要なのだ。上がっている時は、ポンと上がることも落ちることもあり得る。従ってポジションサイズをコントロールし、10日移動平均線でストップロスをかけるのが重要だ。

新米トレーダーはこれはかなりイケてるシステムであると同時に、買いに入るポイントが重要だと思った。買った直後に2％落ちてノコギリの刃の行って来いのような痛い目にあいたくはなかった。

彼はこのシステムが市場全体が上昇トレンドにある限り、実際の取引でも非常にうまく行くような気がした。しかし、彼は取引の実際を理解するようになってきており、リアルな資金を使った場合にそれがどれほど異なるのか、株価が目論みどおりに動かないことがどんなに多くあるかを知っていた。

それに思い至った彼は、さらにもう一つルールを付け加えることにした。

⑥ この取引システムは、S&P500指数のチャート上で、10日移動平均線が20日移動平均線の上にあり、かつS&P500指数の値が20日移動平均線の上にあるときだけ運用することにする。

この取引システムが継続して利益を出すには、市場全体が上昇トレンドで強気である必要があるのだ。

さて、今や彼は取引システムを打ちたて、自分の感情をコントロールし、リスクを制限しながら取引ができると感じた。

今や自分は優位な位置にあると彼は感じた。読んだすべての本、金持ちトレーダーとの会話すべてが自分の中で実を結びつつあるのを感じた。

おかしなことかも知れないが、彼は何時間もチャートを眺めることが一番有意義に感じた。それが現実なのだろう。自分勝手な意見などは要らない。ただ株価と出来高の数字があるだけだ。

彼には潮の満ち引きのような、ほとんどリズムのようなものが株式市場にあることがわかってきた。

チャートを見ているとトレーダーたちがどこでどんな決断をしているのが目に見えるようだった。株価が急騰しているときは、トレーダーらは利益が膨らむのにまかせており、売り圧力もなく株価はさらに上がっていく、そんな様子がリアルに想像できた。

一部のチャートでは、恐怖心を見て取ることもできた。上昇トレンドが破られると、株価はすぐに20日移動平均線へと下落し、そこで一旦もみ合ったが、ボリンジャーバンドの下限まですぐに転げ落ちた。そこではあらかじめ安値拾いを狙ったトレーダーが我慢強く待っているのだ。

移動平均線とボリンジャーバンドには時折、自己達成的予言といった面があることも彼は気づいてきた。

こうしたテクニカル指標は、それ自身には力はない。しかし、トレーダーたちがそれらを信じるということが、彼がチャートで見出しているところの売買の決定につながっているのだ。

トレーダーたちは10日移動平均線でポジションを膨らませるのが好きでたまらないように見える。また、20日、50日、あるいは100日移動平均線もそうだが、それらのポイントでトレーダーは買い支える決定か、もしくはその支持線が破られたときは売る決定をしているように見えた。

彼は投資信託のファンド・マネジャーが山と積まれた大金を抱えつつ、調整場面で買いを入れようとただ待っていたりするものだろうかといぶかしんだ。

新米トレーダーは、彼が株式を取引しているのではなく、他のトレーダーの株価とその動きに対する意見について取引をしているような気がしてきた。そして、一番ひどい過ちが多数派の意見に反対するような取引をすることなのだと悟った。

新米トレーダーは、彼の新しいシステムが市場の注目株を上昇トレンドで捕まえることができると確信していた。そして、彼のウォッチリストは一番成長している会社という観点に基づいている。それは彼のその場の意見ではなく、すでに売上高の上昇と将来性という点で秀でているビジネスに基づいたものなのだ。

彼は、チャートが非常に良い状態で、投資家たちの関心が高い銘柄のみ取引をするだろう。一番重要なことは、歴史的な視点で見て利益が上がる可能性が最も高いと思われるポイントで彼が買いを入れることだ。

彼は上昇トレンドにおける確固たる取引プランとシステムを作ったと感じた。しかし、まだ大きな問題が残っていた。果たして金持ちトレーダーはこれを認めてくれるだろうか？

「単に株式もしくは市場を取引しているのではなく、他のトレーダーと相対して取引しているということに気づくのが早ければ早いほど、あなたはより裕福になれるだろう」――クイント・タトロ

◉この章のための推薦図書
The Complete Turtle Trader, by Michael Covel
「ザ・タートル 投資家たちの士官学校」（マイケル・コベル／日経ＢＰ社）

17 新米トレーダーはいつロスカットするべきか、いつ利食いするべきかわからない。金持ちトレーダーは出口戦略を持っている。

新米トレーダーは2週間ほど金持ちトレーダーに会って教えを請うのを自重した。迷惑と思われたくなかったのだ。

金持ちトレーダーと話し合うことの大きなメリットの一つは、彼がトレーダーとして成長するために利用できる様々なツールを与えてもらえることだった。

金持ちトレーダーは新米トレーダーに何をしたらいいか具体的に話すわけではない。彼はどのようにしたらいいのか方向性を示してくれるのだ。

取引スタイルと取引システムは個人的な選択の問題で、リスクや損失の痛みに対するトレーダーの忍耐力に見合ったものでなくてはならない。

あるシステムが金持ちトレーダーにとってうまく機能したとしても、新米トレーダーが同じシステムを使って成功できるということにはならない。働く人にとって、その仕事が合わなければ成功しないのと同じで、トレーダーにはそれぞれに合った取引手法が必要なのだ。

取引のスタイルは人それぞれで、異なるシステムは異なる売買シグナルを出すだろうが、取引の原理原則は同じなのだと新米トレーダーは学んだ。これらの原則は取引だけにとどまらず、一般的なビジネスや人生における成功にも当てはまるものだ。

金持ちトレーダーの家に近づくにつれ、彼は普段と違う気分がしていることに気づいた。何が違うのか彼にははっきりわからなかった。今日は単に気分がいいというだけのことだろうか？

彼は自分の取引を以前よりうまくコントロールできることを感じていた。取引しなければという思いに囚われていなかった。彼の唯一の目標はお金を儲けることで、何かを証明することではないのだ。

もし彼が損切りをしなければならなかったとすると、それは単に利益を得ようとする彼のシステムに現状の市場がフィットしてなかっただけのことだ。彼が間違っていたわけではない。単に損を受け止めるだけだ。

何時間も何時間もチャートを調べたおかげで、彼は自分のシステムで長期的に儲けることができると自信を持っていた。

彼はまた、おそらく50％の確率でストップロス注文が引き出され損失を被るであろうことをすでに知っていた。しかし、一方で利益の出る取引は上限が予想もできないような大きな動きからもたらされるのだ。彼は単に動きに従えばいいだけなのだ。

彼は自信に満ち、落ち着いており、自分が本当のトレーダーになりつつあることを感じた。トレーダーに話しかけているだけの人間ではなく、彼と対等な同僚になりつつあるような気がした。

彼は株式市場でキャリアを始めるにあたって、今は本当に準備ができたと感じていた。規律を守り、集中して取引を遂行できる本当の意味での準備だ。

「やあ、しばらくだね」ドアを開けると、金持ちトレーダーは言った。

「君が諦めたんじゃないかと思い始めたところだったよ」

「諦めるですって？」新米トレーダーは笑った。「あなたにお休みをあげただけですよ」

「私は長年、他の人々からも指導してくれと言われてきたんだが、10人に9人はすぐ諦めてしまうんだよ。一度来てそれっきりという人だってかなり多い。彼らは情報が多すぎて目を回してしまったんだろうな。皆、濡れ手に粟を思い描いていたよ。**私がここ10年の取引で学んだことの一つは、ウォール街のトレーダーの周りに濡れ手に粟なんて話は一つも**

ないということだ。信じてくれていい。私は本当に探し回ったんだ。地球上のどこにだってないかもしれない。政府機関で働けば別かもしれないが」真剣な面持ちで話していた金持ちトレーダーは、最後にそう付け加えて笑った。

新米トレーダーは言った。

「株式取引をしていてもピザ配達をしていても、ビジネスはビジネスです。今はそれがわかるようになりました。どんなことでも人生で成功するには、リスク・コントロールと、正しい考え方、優れた手法、需要と供給、原理原則、勇気、ストップロス、それから利益が出ているものはそのまま伸ばすということが必要なんですね。

面白いことに、投資を成功させるために僕に教え続けてくれた原理原則は、僕の人生のほかの分野でも手助けになっているんです。人生における様々なことをもっとはっきりと考えられるようになりました。僕の取引日誌は単に取引を記録しているだけではなく、自己啓発に役立つ日誌というところまで、発展してきています。あなたと議論してこうした多くの原理原則を知るまで、こんなことは考えもしませんでした。僕が日誌に書いた考えを読みますので、ぜひお考えを聞かせてください」

新米トレーダーは自己鍛錬はきっと自分の取引に役立つと信じていた。また、原理原則を取引に適応することを理解しただけでなく、人生のその他の分野へも応用できるということを理解した今、彼は本当に金持ちトレーダーが植えつけようと教えてくれていたことが身についてきた気がした。

新米トレーダーは読み始めた。自分の得た所見を先生と共有できることに興奮していた。

・株式投資と同様に、人生において、正しい考え方は成功するために非常に重要だ。感情やその場の意見ではなく、因果関係とその効果に基づいて下した決定なら、その決定に自信を持たなければならない。自分自身に確固たるものがない否定的な人間はどの分野でも成功することができない。忍耐強くやり続け、成功する前に諦めてしまうことがないように、自分自身と自分の取った手法を信じなければならない。

・過大なリスクを負えば、ビジネスでも、人生でも、結婚でも、友人や家族関係でもすべてを失うことがありうる。行動を起こすときは必ず潜在的なリスクをしっかり見極めるべきだ。一つの間違いで結婚がダメになるかもしれないし、同様に、あまりに大きなリスクを負った取引をすると、一度で自分の投資資金すべてを失う恐れがある。

・ビジネスの世界では、優れた方法でお客を呼び利益を上げることができるが、逆に下手な方法で顧客離れを起こし損失を被ることもある。取引も似たようなもので、長期にわたって継続的に利益を上げられる方法は成功するために不可欠である。

・結婚や仕事、ビジネスに非現実的な希望を持てば、投資と同様で不幸な気分になったり失敗することにつながる。すぐに意気消沈したり諦めてしまったりしないように、現実的な予想を立てるべきだ。長期的に見たときに自分の努力に見合った結果が出れば満足しなければならない。結婚、仕事、ビジネス、そして取引も、始める前に自分が何を望むのか理解しておかなければならない。

・人生のあらゆる部分で成功している人はストレスをうまくコントロールすることができる人だ。ストレスをコントロールする一番良い方法は、自分が制御できる範囲を一歩一歩広げ、新たな状況へと自分を成長させるということだ。また、自分が不愉快な思いをする状況に陥るような行動をしないというのも一つの方法だ。

・忍耐は人生において非常に大きな配当を支払ってくれる。忍耐はただ何もしないことではない。それは、自分が何を欲しているか知っており、正しいタイミングで行動を起こせるということだ。正しい取引のお膳立てが済むのを待つにせよ、結婚にふさわしい相手とめぐり合うのを待つにせよ、忍耐は不合理な感情や気分からあなたを守ってくれる。欲しいものが現れるまで待つこと。そして、そこにそれがあれば行って手に入れるのだ。

・投資と同様に、人生では書き起こされた計画がある人は、全く計画がない人よりも多くを成し遂げることができる。気分が落ち着いていて冷静なときに、座って求めるべき目標を書き起こすことだ。そうしておけば、予期せぬ状況から恐れや欲望、その他の非建設的な感情が生じたときに、道しるべになってくれる。

・教育は学校を卒業したら終わるものではない。人生、もしくは投資で成功したいのなら、学ぶことをやめてはならない。市場と世界はとどまることなく進み、変化しており、それに追いつく唯一の方法は学び続けることだ。

・人生において、大多数のギャンブラーは破産し、大多数の善良な事業主は金持ちになる。投資においても同じ原則が当てはまる。

・人生において、すべてを失うリスクを何度も犯すなら、最終的にはすべてを失ってしまう。そうではなく、**毎日、ただただ自分の目標に向かって動くことだ。そうすれば、たとえ後退することがあっても、長期的には目指していたところにたどり着くだろう。**

・人生において、何か決定する前に必ず、「何を失うことになるか」を自分の胸に真剣に問いかけるべきだ。これは「何を得ることになるか」という質問に先んじて考えなければならない。もし答えが、『１００ドル失うかもしれないが、もし当たれば５００ドル得られるかもしれない。そして、その可能性は50％だ。』――というのであれば、リスクとリターンは良い関係にある。もし、それが逆であるならば、リスクとリターンがまずいシナリオ上にあるわけで、その決定はやめておくべきだろう。この問いかけは、結婚や、仕事、事業や友人関係についても、その決定で後悔しないようにあらかじめ自問するべきだ。

・間違ったときにそれを認められないということは、破滅につながる恐れがある。間違った道を進んでいるのなら、ユーターンするのは早ければ早いほど良い。骨の山のために戦うようなことがあってはならない。たとえその戦いに買ったとしても、骨の山は骨の山で、結局勝つために払った代償を後悔することになる。

・大きく勝ったら利食いに備えること。出口戦略を実行するのだ。もし自分の家が10万ドルから30万ドルに値上がりしたら、売って引っ越す計画を立てるべきだ。座ったままでそれが10万ドルに戻るのを待つようなことがあってはならない。正しい場所に正しいタイミングでいて、株や家やビジネスで宝くじを当てるにも似た利益を手にしながら、出口戦略をもたずそのまま放置してしまい、まるで何事もなかったかのように元に戻ってしまうということを、これほど多くの人々がしているのは驚くべきことだ。悲劇でしかない。

・人生におけるあらゆる局面で、成功する人とそうでない人を分けるのは、成功する人は成功するまで我慢強くやり続けるということだ。誰もが失敗を乗り越えなければならないが、結婚でも事業でも仕事のキャリアでも株式投資でも、成功するのはやり続けた人だ。

・成功する人々はある分野でエキスパートになっている。彼らは一つのビジネス、キャリア、結婚、あるいは株式投資について、10年にわたって学び習得しているのだ。彼らは飛び回って一つもマスターすることなく何でも屋になるなんてことはない。

・成功する人々は本当に成功に結びつくことを実行しており、安易にこれをすれば成功すると思うようなことをしているわけではない。彼らはよく読書し、パターンを研究し、指導者を持ち、因果関係についてよく学ぶ。

・勝者が起こす行動は、証明された結果に基づいており、自分の身勝手な意見や予測に基づいているのではない。フィードバックは彼らにとって非常に重要だ。自分で何が起きるか正しく予測できると強く思い込んでいるような人はフィードバックをおろそかにしがちだ。勝者はトレンドに乗り、それが彼らの成功につながる。

・人生では、ビジョンと情熱、計画を持って行動する人はたいてい自分の目指すところか、それに近いところまで行き着くことができる。感情と気分にまかせた決定をしている人は、たいていは自分が望まないような人生の状況に陥ってしまう。

・ある状況において、自分が間違った決断をした時にそれに気づいて認め、損切りをして、再び挑戦できる人は、結婚でもビジネスでもキャリアでも、ますます悪くなる状況のまま何年もムダにする人よりよほど成功する可能性が高い。ビジネスでもキャリアでも、成功しているのならトレンドが変わるまで続けるのが重要だ。

「君が私の言うことをよく聞いていたことは知っているよ。いや、実に素晴らしい。君はもう何か私に教えることができるんじゃないかね」

「ありがとうございます。なんだか、すべてが一つにまとまりかけてるんです。あなたのおかげで、あらゆる投資をする上でのトレーダーにとって重要なことを考えることができたし、今まで考えたこともなかった、成功するために必要な多くの原理原則について気づくことができました。ところで、あなたにとって、トレーダーとして今まで一番、難しかったのはなんですか?」

「私は損をするのが大嫌いだ。損失を出すのが嫌でたまらなかった。実に気分が悪いものだったからね。今や、それはビジネスをする上でのコストだと理解しているが、それでも嫌なものは嫌だ。しかし、私がかつてまだ若かった頃に、一番痛い思いをしたのは、最初のストップロス注文を出さず、小さな損失を大きな損失へと変えてしまったときのことだ。それは本当にひどい気分になったものだ。投資を始めた最初の年は、ストップロスを100ドルマイナスになったらと決めていた。私はラッキーだったんだろうな。2回もストップロス水準をパスしてしまっても大丈夫だったんだから。115ドルの含み損だったものがとんとんに戻り、また他の銘柄で150ドルの含み損だったものが、結果的に100ドルの利益になった。それで私は大胆になってしまったんだ。結局、最後はそのおかげでアンラッキーということになった。アンラッキーというのは、私がストップロスを必ずすると自分を律するのにより多く時間がかかってしまったことだ。また株価は戻る、だから放っておこう、またラッキーが起きるんだと考えるなといっても難しかった。次に100ドル含み損になったとき、私は最初の計画を放棄してしまい、自分は株価の動きも出来高の動きも先読みするのに優れていると考え、そう決断してしまった。問題は、この状況に陥ったうら若いトレーダーは、自分が欲したことしか見えてこないということだ。私は最初、損切りをしたくなかった。損切りをしなかったことが間違いだったということにもしたくなかった。

そして、株価が戻ってとんとんになるのを望んでいた私は最後の最後に、トレーダーとして最悪な罪を犯した。これは私がこれまでした投資で最悪のものだ。数日で300ドル稼ぐはずの取引が1週間にわたるつらい苦行の後、100ドルマイナスだったのが500ドルの損失へと拡大したのだ。株価の動き1セント1セントをへばりついて眺めて、バカバカしくも時間を無駄にしたのは言うまでもない。私は株価が50セント戻ると、感情的に希望のジェットコースターに乗り、それが落ちてさらに安値を割り込むと絶望の波に飲み込まれた。その会社のある製品がリコールされるかもしれないという噂を私は知らなかったのだ。しかし、知る必要はなかった。私は単に自分で決めたルールに従い、撤退しなければならなかったのだ。最初に決めたストップロス価格に株価がなったら、それを尊重するべきだという、良い教訓になった。**最初に計画したストップロス価格が一番最良のストップロス価格なのだ。**私は、二度とこんなことはしないと心に決めたよ。

私はこれが投資に限らず、人生においても非常によい経験だったと考えている。このおかげで最も貴重な時間という資源を節約することができた。精神的な磨耗、胃痛というのも避けられる。これからトレーダーとしてのキャリアを長く続ける上で、それらも貴重な資源だ……」

「損失は、それを出してしまったあとは自分を苦しめたりしない。私は一晩寝たら忘れてしまう。しかし、過ちを犯し、損切りをしないというのは、財布と心身にとって実にダメージになる」——ジェシー・リバモア

◉この章のための推薦図書
Wall Street: The Other Las Vegas, by Nicolas Darvas

18

新米トレーダーは利益は小さく、損失は大きくしてしまう。金持ちトレーダーは利益は大きく伸ばし、損失は小さく切り上げる。

金持ちトレーダーは新米トレーダーの取引システムに目を通した。

以前は週に何度も訪ねて来ていた新米トレーダーは、今では2週に一度くらいのペースになっている。新米トレーダーが金持ちトレーダーの指導から卒業して、何か月か過ぎていた。

定期的な訪問の回数は次第に減っていたが、それはやる気がなくなったということではない。新米トレーダーは毎日2時間、チャートを見て、ウォッチリストをチェックし、見つけられる範囲で一番良い投資関連の本を読んでいた。

金持ちトレーダーは彼に基本的な知識を与えてくれた。そして彼は今、自分なりに投資スキルを上げている。

当初、彼は他の多くのトレーダーと同じで、金持ちトレーダーが成功を保証する投資の聖杯とも言うべき極意をはっきり示してくれないので、失望したものだった。

彼はまた、金持ちトレーダーがディスプレイを幾つも設置し、背後にはCNBCを流して、あらゆるニュースでめまぐるしく取引をしているものだと考えていた。

それは彼の投資手法ではなかったし、彼の知る伝説的な投資家たちがそうしていたわけでもなかった。金持ちトレーダーはそうした方法が間違っているとはひとことも言っていないが、新米トレーダーは唯一取るべき道はトレンドに沿った取引手法なのではないかと思い始めていた。

これが彼の選択するスタイルなのだ。ここに金脈と成功への可能性があると彼には思われた。

金持ちトレーダーが彼の取引プランとシステム、そのシミュレーションに目を通すのを新米トレーダーは辛抱強く待っていた。

「君の勝率は非常に良いようだね。60％か。これは素晴らしい。しかし、君のシステムは最近の市場の上昇トレンドに多くを負っている。ストップロスの値幅を非常に狭くしているので損失は小さいが、これは狭すぎるかもしれないな。ストップロスの水準を10日移動平均線から3％低いところにしてみたらどうかね。もしくは12日か14日移動平均線を指標にしてみるのもいいかもしれない。市況が値動きの荒い状態になったり下落トレンドの始め辺りではその水準をどうするかで、勝率に相当、影響が出ると思うよ。しかし、そうするとより少ない取引になるだろうな。10日移動平均線が抵抗になり、買いシグナルがほとんど出ないかもしれない。君のプランでは市場が大きく調整する場合、安全に利食いができるようになっていると思う。これは非常に良いプランだと思うよ」

新米トレーダーは10日移動平均線と20日移動平均線にあまりにこだわっていて、それ以外のことを考えもしていなかった。

なんて単純な提言だろう。どうしてこんなことを思いつかなかったのか。移動平均線を変えたら全く違うチャートになっているかもしれないのに。もし他の移動平均線が10日や20日のものよりも、もっと何かしら反応を見せていたらどうなるのだろう。非常に興味深いアイデアに違いない。

「君の損益レシオは2：1を若干越えているね。ということは、200ドルを稼ぐのに対し100ドルを失うということになる。これは非常に素晴らしい数字だ。これは実際に取引を始めてみると、売り買いのスプレッドや、手数料、発注の誤差などがあるし、特に出来高が少ない銘柄では、実際には売買できないような値段でシミュレーション上は幾らでも取引できてしまうから、そうしたことを考えると、多少下がることにはなるだろう。しかし、例えば1・5：1だとしても破格だと言えるし、長期的に、特に強気相場ではうまく運用できそうなシステムじゃないかな」

「はい。ペーパー取引は、樽の中の魚を狙うような簡単な話です。これから、リアルな取引記録をつけていこうと思っているんです。もう準備ができたと考えているんですが」

「君が一番儲けた取引は500ドルの利益で、一番損したのは125ドルだ。これも非常に良い。2，500ドルを取引しての結果としては驚くほどだ。25ドルの株が30ドルまで上昇したのかね？　一度も10日移動平均線に触れずに？　君は本当に勢いのよい、投資家たちの意欲の高い銘柄を取引していたということだ」

「その株については、どこまでも一本調子の上昇が見られた後、10日移動平均線にまで落ちてきたところで売って、その時の価格が30ドルだったんです。会社の収支報告が発表される前に33・50ドルまで上昇していました。僕のシステムでは、結果的に収支報告発表前に売って利食いすることになったんですが、実は収支報告後、株価は急落して25ドルにまで落ちたんです。それを見て、僕はルールを一つ、新しく追加したいと思いました。収支報告を挟んで保有しない、というルールですね。そうした高値を動いている銘柄については、四半期決算の発表でトレンドが劇的にどちらかへ動く可能性があります。会社が予想を上回る決算を発表したとしても株価は急落するかもしれません。それは単に新しい買い手が現れなくなったということで、素晴らしい決算がすでに価格に織り込まれていたのかもしれません」

「それはリスクとボラティリティを管理する上で優れたルールだろうな。大きな利益を諦めることになるかもしれないが、結果のわからないイベントを通じて保有することで受ける極端なリスクや資産価値の下落を避けることができるだろう。**私は常に資産価値の上昇より、資産保護を優先する。**個別銘柄を取引したとき、一度だけ決算報告をまたいで保有したことがあるんだが、それは大損害だった。私の個人的な取引経験で言えば、決算発表を通じて保有するよりは、決算発表までの期待の中で取引をするほうがよほどリスクに見合う利益を得ることができた。決算発表のあとはまるでワイルドな西部劇時代みたいなものだ。予測できるものじゃない」

金持ちトレーダーはさらに続けた。

「君の平均的な勝ち取引での利益は212ドルだね。一方で負けたときの平均額は105ドルだ。これらは非常に良い数字だ。そして、1万ドルの資金で50回取引をしたリターンは42・6％なのかい？　これはたまげた数字だよ。実際の取引では、劇的に落ちてしまうだろうけれど。実際の相場では、この取引を始めたまさにその時点で弱気相場になっているかも知れないし、ストップロスが安値で連続で引き出されて、何度か続けて負けるということも起こりうる。特に君の取引サイズだと、手数料はどの取引でも少しずつだがばかにならない金額だ。2，500ドルを取引して手数料が20ドルなら、勝つか負けるかわからないのにそれだけで資金の0・8％が失われることになる。1回の取引につき10ドルの手数料を取るようなブローカーではなく、100株につき1ドルの手数料を取るような、株式数に応じた手数料を設定しているブローカーがいいかもしれない。そうでないと手数料だけで口座残高が食われてしまう。また、最悪のタイミングで、パソコンやインターネット、ブローカーのサーバーや取引プログラムがダウンするとか、停電になるなど、技術的な問題に遭遇することもあるだろう。このような時、本当なら大金を得られたかも知れない取引を逃すということがありえると理解しておかなければならない。また、成り行き注文を出して、予想より不利な価格で成立してしまうこともある。それは突然起こることで、リターンに影響するし、君は腹が立つ思いをするだろう。

だから、50回の取引で42・6％のリターンというのは少し出来過ぎな感じがする。君がもう少し大きな資金で始めるか、手数料が安いブローカーで取引を始めるなら、このシステムはスタートとして非常に良くできていると思うよ。強気相場で上昇トレンドにある中なら、いろいろな要因を考えても19％のリターンは期待できるんじゃないかな。君のシステムでは、弱気相場の序盤で始めた場合は買いシグナルが出なくなるまでは損失を出し続けることになり、そして次の上昇トレンドが始まるまでは勝てないかもしれない」

新米トレーダーは考えなければならないことがたくさん増えた。金持ちトレーダーが言っていることはすべて真実だった。落胆しかねない内容だが、真実であることは確かだ。

「弱気相場でも取引できる二つ目のシステムを考えた方がいいでしょうか？」

「もし、そうしたいならね。決して売りをしないというトレーダーもいるよ。彼らは単に何であれ上昇するものに投資する。弱気相場の中でも上昇するような、金鉱山を所有する会社とか生活必需品セクターの銘柄、エネルギー株、１００円ショップやディスカウントショップなどの関連株を買うとか、さもなくば現金のまま保有してただ待つだけだ。個人の選択の問題だよ。私の場合は売りシグナルが出れば売る」

「そうすればチャンスは2倍になりますね……」

「損失を出す可能性も2倍になるよ」金持ちトレーダーは半笑いして答えた。

「それでは、僕はスタート地点に立っているということでよいのでしょうか？　リアルに取引を始めてもよいですか？」

「君はもう準備ができたどころではないよ。あとは相場に教えてもらいなさい。株式市場はすぐにフィードバックを返してくれるし、決して間違えることがない。いつどんなときでも株価はあるべき価格にあるんだ。いつどんなときでも株価は買い手と売り手がそこで同意したという総合の元にあるんだ」

「株式投資大学を卒業したというより、厳しい投資道場を卒業したって感じですね」

「ははは、一つ確かなのは、君はこれから他のトレーダーたちと利益を争って闘うんだ。学んだことをすべて実行できれば、君は他のトレーダーのミスに乗じて利益を得ることができるだろう」

新米トレーダーはその日、心に決めた。成功するまで取引を続けよう、と。

彼はもはや新米トレーダーではなかった。

彼はトレンドトレーダーだ。

「当たったかどうかは問題ではない。当たったときにどれくらい儲け、外れたときにどれくらい損をするのか、それが重要なのだ」――ジョージ・ソロス

◉この章のための推薦図書

How I Made $2,000,000 in the Stock Market, by Nicolas Darvas
「私は株で200万ドル儲けた」（ニコラス・ダーバス／パンローリング）

CHAPTER 3 投資手法

METHODOLOGY

謝辞

二冊の本を書く機会を私に与えてくれたBN PublishingのUri氏に、この場を借りて御礼申し上げたい。退職するまでは達成できるとは思っていなかったゴールだった。最初の本はダーバスシステムの有用性を示す機会となった。二冊目の本書は、新米トレーダーの方々に、文字がぎっしり詰まった何百ページもの本で泥沼にはまるのではなく、シンプルでわかりやすい形式で知識を得てもらい、素晴らしいスタートを切ってもらうための良い機会になったと思う。トレーダーの皆さんにはぜひ本書を投資経験のスタート地点として読んでいただき、有効に使っていただきたいと思う。

私の投資活動を常に信じてくれた妻、Marianneに感謝をささげたい。彼女は私が投資している総額は聞きたがらず、最終的な収支を聞くだけだったが。彼女のおかげで、私は自分の資産について過去7年間、上昇トレンドを築くことができ、短期的にもその縮小について心配する必要がなかった。

私の共著者とも言える娘のJannaがいなければ、私はこの本を完成できなかっただろう。彼女は私が取引を愛しているのと同様、本を書くのを愛している。彼女は私のコンクリートの塊のような文章をストーリーへと変えてくれた。彼女はまた投資のことも一番よく知っている。

ダリン・ドネリーによる寄稿文

Darrin Donnelly (Editor of DarvasTrader.com　March 2011)

スティーヴ・バーンズの話を初めて聞いたとき、私は興奮を禁じ得なかった。最初に言っておくべきことは、彼がこの株式市場の歴史上で最も厳しい時期を生き抜いただけでなく、それどころか、この時期に自ら運用して資産を数千万円規模にまで増やしたということである。

しかし、投資家にとって厳しい時期に成功を収めたという事実以上に私にとって痛快だったのは、彼が退職金で投資を始めるような、どこにでもいるフツーの人だということだ。誰かの金を運用して大金持ちになるようなウォール街の大物などではないし、過去のマーケットを見直して仮説モデルを提示するような学者ぶった金融界の識者というわけでもない。

いいや、スティーヴ・バーンズはどこにでもいるような一般人だ。仕事を持ち、家族がいて、気になる住宅ローンも抱えている。彼は単に、賢い投資で将来の資産を確保することに興味があっただけだ。

しかし、バーンズが他の人々と違ったのは、ウォール街の智恵とでも言うべき買って長期保有する（buy-and-hold）という伝統的手法に盲目的に従うことがなかったことだ。彼は自分の金が他人の手に握られているという状況に信頼がおけなかった。彼は将来の資産形成に自身で取り組むことに決め、何が実際に一番良いのか勉強し、できる限りシンプルな方法で自分の戦略を実行したのだ。

バーンズは「ダーバスシステム」と呼ばれるトレンド追従型の戦略を投資手法として採用した。このシステムは１９５０年代にニコラス・ダーバスという当時評判のダンサーによって開発されたもので、彼はこの手法で３万ドルの資産を二年足らずで２百万ドルへと増やした。ダーバスシステムは成長株の上昇トレンドに乗り、トレンドが破られれば売るというチャートを用いたシンプルな手法だ。

ダーバスシステムは過去60年間で様々な発展を見せたが、トレンドに沿って取引するという非常にシンプルなその核心部分に変わりはない。価格の上抜けで買ったら、上昇トレンドにある限り保有を続け（途中、よく起こる調整はすべて無視する）、最後に上昇トレンドが破られたら売るのだ。この非常にシンプルで確かな理論は、しかしながら、長いこと株を保有することで生じる感情や心理的な壁のために、多くの人々にとって実際はかなり難しいものなのだ。

トレンド追従型の投資で成功するための鍵は、感情を排除し、ウォール街から発せられるノイズや相場権威者のコメントなどに惑わされず、売買シグナルをできるだけシンプルに明確で実行しやすい形に保つことだ。

スティーヴ・バーンズはこうした投資で成功するための鍵をマスターしている。彼は本書で、投資で成功するために必要不可欠なルール、テクニック、教訓を公開している。

もし、あなたが投資の初心者であれば、これらのルールを理解することで何年分かのフラストレーションや手痛い損失を避けることができるだろう。あなたが熟練のプロだというのなら、繰り返し頭の中に叩き込まなければならない投資の箴言と考えて読んで欲しい。

株式投資で大金を稼ぎたいと思うなら（もしくは大きく負けることなく、巣に隠した虎の子の資金を安定的に増やしたいと思うなら）この本を常に机の上に置いておくべきだ。

本書はトレンド追従型の取引をするのに不可欠なハンドブックであり、世のトレーダーた

ちはスティーヴ・バーンズがこの素晴らしい本を書いてくれたことにきっと感謝すること
だろう。

訳者あとがき

本書にはマクロ経済の解説も企業決算の見方も、テクニカル指標の分析方法も書かれていない。それでも、株式投資をしようとする全ての人に、自信を持って本書をお勧めしたいと思う。投資をある程度、経験している読者にとっては、トレンド追従型の投資手法を取っているかどうかは別にして、内容はほぼわかりきっていることかも知れない。しかし、それを知識として持っていることと、実行できているかどうかにはおよそ埋めがたい漠とした空隙があるのが投資の世界だ。すでに知っているはずなのに、なぜか意識から外れてしまって実行できずにいる、そんな投資の心得が本書には凝縮して詰め込まれている。これを初心者の時点で知っているかどうかは大きな差となって結果に現れるだろう。

本書中では取引システム自体については、あまり具体的には語られていない。取引システムを運用するに当たっての心構えについて重点的に語られている。これはある意味当然のことだ。100%確実に勝てる方法などありはしない。勝つための手法は読者自身が智恵を絞って考えていかなければならないが、その取り組みのためのスタンスは、本書を読んでその原則を把握すれば、あとは努力しだいだ。著者自身はダーバスシステムを採用しているそうだが、読者には自分好みのスタイルを試行錯誤して模索して欲しい。それこそが投資の楽しみの一つでもあるのだから。

投資初心者にとってまず衝撃的なのは、損失を出して当然という考えではないだろうか。最終的に利益を出すために企業が商品原価を支払うのと同じで、損失は事業におけるコストに過ぎない。これが、実際に口座残高が減ると簡単にはそう思えないのだが、思えないという時点で、すでに成功する投資家からはかけ離れてしまっているということだろう。損失を出しても、成功の過程であれば痛くないはずだし、当初からその可能性も想定されているべきなのだから。

個人的な経験も踏まえて言えば、たいていの初心者はまず、世にあふれる入門書を片手に様々な情報を集めようとする。今はネット上で情報は何でも手に入ってしまう。一般的な企業情報を得るのはもちろんだが、その企業のマイナーな事業に妙な期待を持ったり、決算書を解釈しようとしたり、ROEやPBRなどの様々な投資指標を比較して、チャートを眺めたりする。それでも結局、たいした確信は得られないのだが、なぜか自信だけはあふれかえって、えいやっと株の購入に走る。その後は株価の動きに一喜一憂しつつ、研究熱心な投資家であれば、マクロ経済学の本を一冊か二冊読み、為替レートや金利、経済指標、さらには商品市況なども勘案し始めるかもしれない。しかし、そこまでやっても勝てるかどうか運しだいの状況なのではないだろうか。バカの一つ覚えのように買ったら上がる右肩上がりの相場でもない限り、コンスタントに勝ち続けるなんてことはできない。むしろ、ファンダメンタルは強いのになぜか株価が下がり続けるとか、たいしたニュースもないのに急騰し、売ってからも上がり続けて儲け損ねるとか、理不尽な経験を数多くして、株はわからないという思いを強くするケースが多いのではないだろうか。そこで壁にぶち当たっている投資家には本書の内容はコペルニクス的転回だろう。なにしろ、「市場を予想することはできない。市場が出すサインに反応できるだけだ」と臆面もなく言い切ってしまうのだから。じゃ、これまで頑張って得てきた知識は何だったのかと言いたくなるかもしれないが、経済評論家が今年の景気はどうかと聞かれて十人十色の回答を出してくることを思い起こせば、その格言は紛れもなく真理なのだ。何かを予想して当てようとするのは、相場を楽しむためのファンタジーであって、勝つための原理ではない。楽しみたいのなら、どこまでも知識を追求すればよい。それに、特に為替取引などマクロ経済指標の影響が強い金融商品の場合、知識は相当の武器になるだろう。ただ、知識を元に当てようとすれば、相場は際限なく複雑に難しくなり、正しく当てることは確率的にも難しいということになるのだ。

では、どうするのか。

本書に書かれているのはユニバーサルな解決方法だ。だからこそ、人生にも当てはめられる。

採用するかどうかはもちろん読者の選択に任されている。しかし、読んで損けなかったはずだ。

2013年5月

オブリーク山岸

ニュートレーダーのための推薦図書10冊

1. **Trading for a Living** ***by Alexander Elder***
「投資苑　―心理・戦略・資金管理」
（アレキサンダー・エルダー　パンローリング）

2. **The Universal Principles of Successful Trading** ***by Brent Penfold***
「システムトレード 基本と原則」
（ブレント・ペンフォールド　パンローリング）

3. **Super Trader** ***by Van K. Tharp***
「タープ博士のトレード学校 ポジションサイジング入門」
（バン・K・タープ　パンローリング）

4. **A Trader's Money Management System** ***by Bennett A. McDowell***

5. **Trading without Gambling** ***by Marcel Link***
「続高勝率トレード学のススメ」
（マーセル・リンク　パンローリング）

6. **Wall Street: The Other Las Vegas** ***by Nicolas Darvas***

7. **You Can Still Make It In The Market** ***by Nicolas Darvas***

8. **How I Made Money using the Nicolas Darvas System** ***by Steve Burns***

9. **Overcoming 7 Deadly Sins of Trading** ***by Ruth Barrons Roosevelt***

10. **Twelve Habitudes of Highly Successful Traders** ***by Ruth Barrons Roosevelt***

リッチトレーダーになるための推薦図書 10 冊

1. **Trend Following** ***by Michael Covel***
「規律とトレンドフォロー売買法」
（マイケル・コベル　パンローリング）

2. **How to Make Money in Stocks** ***by William O'Neil***
「オニールの成長株発掘法」
（ウィリアム・オニール　パンローリング）

3. **Come into my Trading Room** ***by Alexander Elder***
「投資苑２ トレーディングルームにようこそ」
（アレクサンダー・エルダー　パンローリング）

4. **How I Made $2,000,000 in the Stock Market** ***by Nicolas Darvas***
「私は株で 200 万ドル儲けた」
（ニコラス・ダーバス　パンローリング）

5. **Market Wizards** ***by Jack Schwager***
「マーケットの魔術師―米トップトレーダーが語る成功の秘訣」
（ジャック・シュワッガー　パンローリング）

6. **Reminiscences of a Stock Operator** ***by Edwin Lefevre***
「欲望と幻想の市場―伝説の投機王リバモア」
（エドウィン・ルフェーブル　東洋経済新報社）

7. **Lessons from the Greatest Stock Traders of All Time** ***by John Boik***
「黄金の掟―破産回避術」（ジョン・ボイク　パンローリング）

8. **How to Trade in Stocks** ***by Jesse Livermore***
「孤高の相場師リバモア流投機術―大恐慌を売り切った増し玉の極意」
（ジェシー・リバモア　パンローリング）

9 **The Complete Turtle Trader** ***by Michael Covel***
「ザ・タートル 投資家たちの士官学校」
（マイケル・コベル　日経ＢＰ社）

10. **Monster Stocks** ***by John Boik***

人生と投資で成功するための推薦図書 10 冊

1. **The Top Ten Distinctions between Winners and Whiners** ***by Keith Cameron Smith***
「十の分かれ道」(キース・キャメロン・スミス　アルファポリス)

2. **The Total Money Makeover** ***by Dave Ramsey***

3. **Financial Peace** ***by Dave Ramsey***

4. **Rich Dad, Poor Dad** ***by Robert Kiyosaki***
「金持ち父さん貧乏父さん」(ロバート・キヨサキ　筑摩書房)

5. **The Power of Now** ***by Eckhart Tolle***
「さとりをひらくと人生はシンプルで楽になる」
(エクハルト・トール　徳間書店)

6. **Unlimited Power** ***by Anthony Robbins***
「一瞬で自分を変える法」(アンソニー・ロビンス　三笠書房)

7. **The Top Ten Distinctions between Millionaires and the Middle Class** ***by Keith Cameron Smith***

8. **Harmonic Wealth** ***by James Arthur Ray***
「豊かさを引き寄せるシークレット」
(ジェームズ・アーサー・レイ　ソフトバンククリエイティブ)

9. **The Anatomy of Success** ***by Nicolas Darvas***

10. **Creating your Best Life** ***by Caroline Adams & Dr.Michael Frisch***

著者プロフィール

スティーヴ・バーンズ氏は12年以上に渡って利益を出し続けているトレーダーである。著作としてBN Publishingより発売されている“How I Made Money Using the Nicolas Darvas System”がある。バーンズ氏はAmazon.comでベスト300レビュアーとしてランクされており、投資関連書籍についてのトップレビュアーの一人である。また、トップクラスのダーバスシステム・トレーダーとしてもDarvas Trader.comにて紹介されている。

バーンズ氏は自身が運用する二つの主要口座で、2002年以来、利益を出し続けている。2003年から2007年は平均的な年間利益率が22.95％で、2008年1月4日より現物取引に移行し、2008年の金融危機の際も利益を確保し続けた。彼の取引結果はS&P500指数の上昇率を6年連続で上回り、8年間での累積リターンは209.5％である。2003年から2010年にかけて、S&P500指数の平均上昇率7.8％に対し、彼の平均的リターンは15.7％だった。著者の口座残高は25万ドルを越えており、これらは本書に書かれた原理を用いて築き上げられた。

バーンズ氏は現在、テネシー州ナッシュビルに、妻Marianneと、Nicole、Michael、Janna、Kelli、Josephの5人の子供たち、孫のAlyssaとともに暮らしている。

ニュートレーダー × リッチトレーダー
株式投資の極上心得

2013年7月4日 初版第一刷発行
2020年7月25日 初版第四刷発行
著者 スティーヴ・バーンズ
編集／翻訳 オブリーク山岸
発行人 後藤明信
発行所 株式会社竹書房
〒102-0072
東京都千代田区飯田橋2-7-3
電話 03-3264-1576（代表）
03-3234-6244（編集）
http://www.takeshobo.co.jp
印刷・製本 凸版印刷株式会社

ISBN 978-4-8124-9544-5 C0033
Printed in Japan